X. 1264.
G. d.

~~Double~~

ÉLÉMENS
DE LECTURE

A l'usage des Enfans du premier âge.

OUVRAGE utile à toutes les personnes qui se consacrent à l'Instruction des Enfans.

Par BORDET, Instituteur, à Chalon-sur-Saône.

Quiconque sait lire, sait l'Art le plus difficile.
DUCLOS, Rem. sur la G. G.

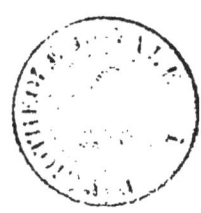 

A CHALON-SUR-SAONE,
De l'Imprimerie de J. B. PILLOT.

===========
AN XIV. — 1805.

Aux Instituteurs et Institutrices.

C'EST à vous, respectables Institutrices, courageux Instituteurs, que je dédie ce petit Ouvrage. Je n'ai rien négligé de tout ce qui pouvait contribuer à en faire un Livre vraiment élémentaire. Il m'est bien doux de penser que les peines que je me suis données pour le composer, produiront l'heureux effet de rendre la lecture plus facile aux Enfans, et de leur épargner bien des larmes : Si, d'une autre part, vous le jugez propre à alléger vos ennuis et à diminuer les dégoûts inséparables de votre pénible et honorable profession, j'aurai retiré de mon travail la plus douce récompense que j'en puisse attendre.

Je prie les Parens qui m'honorent de leur confiance et de leur estime, de regarder cette faible production comme un nouveau témoignage du désir que j'ai toujours eu de leur être utile, et du tendre intérêt que je prends au bonheur et à l'éducation de leurs enfans.

BORDET.

| a | i | o | u | é | e |

b p	m n	l r	d t
g c	v f	z s	j

Exercice pour apprendre à énoncer habilement les Lettres.

a j b i s o p u z é m o f e l u
v o r u c l i d é g u d a i r o
t u v e p o f i b a z u f i s
o j d z u r i b o f é i p a v i
n é m a l i r u t o d u b i p

Syllabes.

ba po mi né lu ro da ti vo fi fu za
sé se jo bi pu ma no lé le ru dé de
ta vu fi zé si ja bo pé pe mu na lo
ri du té te va fo zu sa ji bu pi mo
nu li ré re di ta vé ve fa zo su
jé je pa lu bé be ni la mé me
ri do tu vi fé fe so ju si ma ve

    ga go gu   gi gé ge
    ça co cu   ci cé ce

Mots de 2, 3, 4 et 5 Syllabes.

a	i	o	u	é	e

bp	mn	lr	dt	gc	vf	zs	j

papa pavé lavé midi sofa mari
joli poli paré dodu fini miré

robe tube pape pipe jupe dame
rome lime lune cane mine date
note pite mode rade ride rude
pile mule sole dupe code file

rose base mise vase buse
tare bure lire pore cure
lave rave cuve rive cave

vérité vanité député dureté dérobé
deviné démoli retenu revenu dépéri

salade tulipe jujube pilule pirate
farine volume parole minute solive

solidité sévérité fatalité maturité
camarade limonade solitude badinage

ami épine olive image usage
sirop tabac fusil tapis refus
sénat sabot pavot dépit début
cadet filet babet volet furet valet

Voyelles longues.

â î ô û ê

pâté côte mûre gîte - tête fête
repas repos
amas lilas tafetas, nos vos, le dos

ie ue ée

folie julie épée rosée morue vue

---

ga go gu, ca co cu, gi gé ge, ci cé ce
gase rigole figure gilet géline page
cave école cuve cire céleri puce

bagage racine fagot régime écume
cime cabane cigale médecine cécile
écu génie cage ramage juge éloge
race noce négoce malice luce lucile

---

gui gué gue
figue bague guérite guide légué
qua qui qué que quo
pique coque qualité équité piqué
ha hé hi ho hu
homme habile honoré humide hé
cha ché chi cho chu che
vache biche coche tache chemise
chat chose chûte chéri chicorée

6 — Fausses et vraies diphthongues.

ia ié io iu ua ué ui uo éa éi éo éu

diane fiole amitié piété variété
panier papier rosier écolier pilier
bière écolière manière lumière salière

nuage ruine réuni éléonore éole
réalité déité réuni.

Syllabes composées, deuxième espèce.

br pr dr tr gr cr vr fr bl pl gl cl fl

sabre câpre cadre votre notre tigre
sucre livre fifre table fable oracle
miracle débacle règle durable capable

praline précipice privilége prune
profit bride brave sabré brune bras
dragée drogue dru drame tripe trame
trône trépas grive grace grade grenier
grenade grotte gras grimace crime
cravatte crédit cri livré sevrage.

place plume repli déplorable plus
glace globe glu réglé du blé établi
climat éclat cloche reclus écluse
flot flatté flèche fluide flore flétri

Syllabes composées, troisième espèce.

ar ir or ur
arme orme urne orge arbre article
larme forme gorge tordre marbre
cor azor mur azur désir virginie
canard renard départ bord mort sort

al il ol ul
alcove alpes altéré albâtre ulcéré
palme calcul soldat culte révolte
mal canal animal licol vil nul

ac ic oc uc
acte pacte dicté victime docte suc
roc sac tic tac micmac trafic public

af if of uf
canif actif rétif vif suif juif lof tuf

astre
mastic bascule cascade liste dispute
poste posture buste justice robuste

er el ec ef
la mer du fer je perds désert revers
du sel dégel le bec sec varec la nef
perte vertu perle gerbe terme serpe
veste peste modeste secte directe

esprit estime escargot espace
balle botte pomme nappe étoffe

un une mon ton son

le tapis, la rose, du café, de la cire,
un lit, un épi, une rose, une olive,
mon papa, mon ami, ton lit, son lit.

Énoncer l'adjectif avec son substantif.

un joli sofa, un petit fusil de tôle,
un pavé usé, un épi doré, un tapis
de bure, un pavot rose, un édifice
démoli, un mot raturé, un revenu
solide, un mérite rare, un avare avide.

une pipe de tabac, une robe rose,
une lime dure, une mule rétive, une
parole dure, une vérité utile.

du petit salé, du café moca, de la
farine fine, de la panade, de la salade.

mes tes ses les des

mes amis, des pavés, tes écus, ses
sabots, les tulipes et les roses.

tu es sage, il est midi.

si tu es sage, si tu es docile, tu seras
chéri de ton papa; jules est revenu
de l'école, il est sage, il est docile.

Exercice sur les Élémens contenus en la 5e page.

une pipe d'ébène, un modèle, une cage légère, un remède utile.

la colère, la misère, un juge sévère, une médecine amère.

un petit furet, un joli bidet, le volet de mon cabinet, le lacet de la robe de babet, un valet, un navet.

â î ô û ê

un visage pâle, une figure mâle, un âne bâté, un navire démâté, un rôle facile, un gîte retiré, une cerise mûre, une chose sûre.

une tête dure, une bête féroce, la fête de mon papa, un âne têtu, joli rêve, un pot fêlé, une forêt de mâts.

repas, repos.

un pas mesuré, un amas de terre, un lit de damas, du lilas rose, un tapis de canevas, un propos dur, le dos.

ie ue ée

une rose jolie, une robe unie, une page finie, une jupe usée, une rue pavée, une épée nue, de la morue salée, un malade à l'agonie a la vue égarée.

ga go gu, ca co cu, gi gé ge, ce cé ce

la cime de ma cabane, un joli bocage, un camarade d'école, un régime sage, un volume égaré, un gigot rôti, un potage écumé, une racine de céleri, une pile d'écus, une figure de cire, une rigole, une mule qui galope, le repas des noces, un rivage reculé.

jules a été sage, il a lu une page, il mérite une image, je le félicite.

gui gué gue

une figue mûre, une digue solide, une bague d'or, une guérite, un guide.

qua qué qui quo quu que

une pique de fer, une barque légère, une jolie musique, une bonne qualité, un quiproquo, une piqûre, un paquet.

ha hé hi ho hu

un homme habile, honnête, honoré; une terre humide, un hôpital, un bel héritage, une bonne habitude.

cha ché chi cho chu

une chemise fine, la poche de mon habit, un habit déchiré, un père chéri.

Exercice sur les Élémens contenus en la 6e pag. 11

ia ié io iu   ua ué uo ui   éa éo éi éu

une miniature, une fiole de sirop, une amitié pure, la piété filiale, une bonne société, une agréable variété.

une pièce d'étoffe, un siége solide, ma petite nièce, du liége, un remède tiède, un lièvre agile, une fièvre tierce

un panier d'osier, du papier léger, un écolier docile, une lame d'acier, une pièce de gibier, un tas de fumier.

une lumière pure, une rivière rapide, une écolière sage, une manière polie, une tabatière, de la petite bière.

un nuage élevé, un poste évacué, une ruine totale, un étui de buis, un pâté cuit, un potage réduit; la lune ne luit que la nuit, sa lumière est pâle; jules fuit la société des petits écoliers évaporés et dénués de piété.

un ordre réitéré, une béatitude pure, la petite éléonore est une bonne créature qui obéit à sa mère et suit ses avis; des amis réunis, liés d'amitié.

br pr dr tr gr cr vr fr bl pl gl cl fl

un cadre doré, une règle de cuivre, une cérémonie lugubre, un tigre féroce, notre livre, votre habit, le nôtre, le vôtre, un poëte célèbre, le pâtre du village, un écolier folâtre, du plâtre.

un oracle sacré, la débâcle des glaces.

un régime nuisible, une colère terrible une chose possible, une promenade agréable, un crime abominable; un repos désirable, une chose véritable, une fable, les plats et la table, du sable.

la bride de ma mule, une robe brodée, une plume légère, une flûte d'ébène, une jupe brune, un pli pris, la place de grêve, une vie frugale, un fromage de crême, une écriture propre, un propos dur, une fièvre putride, un crime grave un frêle navire, des flots agités.

fabrice a écrit avec propreté, son papa lui a promis des prunes, des pralines, des dragées, des nèfles, des abricots.

la grêle brise, écrase, fracasse, détruit les blés et les fruits.

al il ol ul

un local agréable, un animal brutal, un repas amical, un hôpital général, le licol de ma mule, l'âge viril, le code civil, un vol rapide.

un malade altéré, une petite alcove, une table d'albâtre, un ulcère.

une nuit calme, un calcul juste, un brave soldat, une bonne récolte.

ar ir or ur

une arme légère, un arbre élevé, un ordre sévère, une urne funèbre.

un mur élevé, un désir vif, un ami sûr, un riche trésor, l'or est le métal le plus pur et le plus dur.

un renard rusé, un canard plumé, un regard favorable, un dard acéré.

le bord de la rivière, le nord et le midi un port sûr, un sort fatal, une mort subite, un corps usé, des parts égales.

une table de marbre, une porte fermée, une surface unie, la corde du puits, la bonne virginie.

ac ic oc uc

une vie active, un acte de folie, un roc dur, un sac délié, le trésor public, un bon caractère, une triste victime.

if uf ab ob ap ad

un roc vif, un âne rétif, un ami actif, un pas tardif, un écolier fugitif, du tuf.
un ordre absolu, une grace obtenue, un art admirable, un captif, un cap.

astre.

un vaste lac, la liste des écoliers, un bras robuste, un ministre disgracié, un cheval de poste, une justice sévère

er el ec ep ef

du fer, la mer, un ver, un désert, du fiel amer, un dessert, un revers.
un bec de grue, du sel gris, un cep de muscat, un sort cruel, un criminel, du miel, le ciel du lit, un bel homme.
une perle fine, une gerbe de blé, une vertu pure, une veste verte, une perte funeste, une posture modeste, un repas délectable, une lecture facile.
un esprit subtil, un petit espace, un bon estomac, une estime méritée.

Suite des Élém. de la 7ᵉ p. Consonnes redoublées. 15

une botte molle, une balle d'étoffe, une salle commode, un valet affidé, une canne à pomme d'or, une bonne personne, des nippes usées, un animal affamé, du sucre raffiné, une page difficile, un village saccagé, une nappe de fil, un écolier occupé à lire.

  elle enne esse ette
une belle ville, une perte cruelle, une maladie mortelle, l'amitié fraternelle, une paresse blâmable, une promesse, un messager fidelle, la déesse flore.

une cuvette de fer, le cadet et la cadette, annette et rosette, la violette.

une vaste garenne, une benne de plâtre, la tienne, la sienne, la mienne.

une tasse d'or, une cave basse, une pipe cassée, une grosse pomme, le dossier du lit, un écolier grossier.

une barre de fer, un barril d'olives, une figure carrée, une barrière fermée un verre à pied, une terre fertile, un joli parterre, les terribles effets du tonnerre, une serre, une étoffe serrée.

Seconde Section ; *Voyelles composées.*

ai ei oi   eu ou au   eau

ai   aigle, aisé, balai, maire, laine.
ei   peine, reine, baleine, seize.
oi   moi, toi, toile, moine, foire.

eu   du feu, meule, veuve, jeune.
ou   un sou, poule, soupe, oubli.
au   aune, saule, épaule, défaut.
eau   bateau, rameau, rideau, peau.

Exercice : Mélange.

une armoire, une boule qui roule, un moineau sauvage, une baleine, un domaine, une jupe noire, une robe neuve, un jeu de paume, une peau de veau, un notaire, une voiture, une aune de toile, un aveugle, un ouvrage, un couteau, du seigle, une auge, un berceau, une poire, une gaine, un loup, une peine vaine, le niveau de l'eau, une reine, un poulet, un filou, mon neveu, un peu d'eau, un capitaine, la mémoire, un crapaud, une poule qui couve, un salaire, une couronne, une faute.

aî

Voyelles composées. Suite.

aî eî oî eû oû   aie oie eue oue

maître, boîte, voûte, feûtre.
une plaie, la joie, la roue, une lieue.

ais ois   aix   oix   eux ieux

un palais, un bois, la paix, la voix.
fameux, pâteux, raboteux, épineux.
curieux, furieux, précieux, odieux.
vertueux, fastueux, majestueux.

br pr. dr tr. gr cr. vr fr. bl pl. gl cl. fl.

ai braise, trait, graine, prairie.
oi trois, droit, froid, gloire, proie.
eu preuve, fleuve, creux, affreux.
ou blouse, croûte, troupe, proue.
au fraude, tableau, levreau, perdreau.

air   oir   our   eur

air éclair, éclairci, un air pur.
oir devoir, pouvoir, le soir, noir.
eur vapeur, voleur, couleur, fleur.
our journée, fourmi, étourdi.

de la mousse, une secousse, vaisseau.
paroisse, nourrice, bourreau, souffle.

2

Voyelles nasales.

an en, in, on, un, ain ein, oin.

an   ange, ruban, danse, tante.
en   enfant, endormi, parent, vente.
in   du vin, injure, pinte, singe.
on   du bonbon, le son du canon.
un   melun, autun, verdun, chacun.

ain   du pain, la main, saint, sainte.
ein   le sein, dessein, teinte, ceintre.
oin   du foin, coin, témoin, pointe.

Mélange.

un enfant obéissant, un vent violent, un bâton long et rond, un vilain singe, de l'alun, une pinte de vin, une peinture, du linge fin, une injustice, un mensonge, un roman, un pont, une enclume, le serein, un témoin, une jointure, une balance, du levain, un matin, une fente, une montre, une banque, un feu éteint.

ian ion, uan uon, ouan ouon.

riant, alliance ; rions, étudions.
saluant, nuance ; saluons, remuons.
jouant, louange ; jouons, dénouons.

Voyelles nasales, suite.

am em im om um
lampe, empire, simple, tombe.

un tambour, un temple, un enfant impoli, impudent, un ton imposant, une ombre, un temps sombre, une bombe, un parfum, une tempête, une jambe, un voleur emprisonné.
mon nom, la faim, un essaim.

br pr. dr tr. gr cr. vr fr. bl pl. gl cl. fl.

an	cadran, plante, france, gland. flambeau, crampe, framboise.
en	trente, prendre, trempe, tremble
in	prince, du crin, une tringle, le principe, le déclin de la lune, du lierre grimpant, un brin d'herbe.
on	le front, tronc d'arbre, escadron, du bronse, fronde, patron, blond du plomb, une trompe.
un	un habit brun, un emprunt.
ain	un train, la crainte, un grain. une plainte, un refrain.
ein	un frein, une empreinte de cire, enfreindre les lois.

Pour faire un bon festin, il faudrait avoir les mets suivans ; savoir : des alimens sains, du bon pain blanc de froment, du vin vieux, de l'eau claire puisée à la fontaine, une soupe au lait, un melon vineux, du beurre frais.

pour dessert : un gâteau de savoie, des gauffres et des oublies, de bons marrons, des raisins confits, des noisettes, des fraises, des framboises, des confitures de coins, des poires fondantes, des oranges douces, une boîte de bonbons, des massepains et des amandes.

des oiseaux.

l'oiseau bleu, un serin jaune dans sa cage, une jeune fauvette, un moineau, un perdreau, un pinson, un étourneau, un dindon, un grand aigle, une poule et ses poussins, une oie sauvage.

Voyelles composées et nasales.

les animaux.

des bêtes fauves, le loup, la louve et les louvetaux, la laie et ses marcassins, un lion furieux, un mouton blanc, une jument et son poulain, un toutou caressant, un lièvre peureux, un levreau, un serpent venimeux, une fourmi laborieuse.

les poissons.

une baleine de cent pieds de long, des poissons volans, un saumon, un goujon, une raie, un barbeau.

le ciel, l'air et la terre.

un beau jour de printemps, un temps serein, un ciel clair, un air pur, l'aube du jour, l'étoile du matin, le lever de l'aurore.

un ciel orageux, un temps sombre et couvert, des nuages épais, un vent violent, une tempête affreuse, une pluie battante, le tonnerre grondant, le ciel en feu, la foudre tombant.

des monts élevés, une grande prairie, un beau vallon où coule, en serpentant, un ruisseau d'une onde claire et limpide, un côteau riant, un vaste étang, une marre bourbeuse, un marais fangeux, un rang de saules, une douce pelouse, un banc de gazons fleuris, un bois épais, des buissons verts, un berger menant paître son troupeau en jouant du chalumeau.

un grand jardin, une fleur d'une belle couleur et d'une douce odeur, des orangers odorans, des poiriers, des amandiers, un bouton de rose, du jasmin, des renoncules.

la saison des vendanges, la moisson, la fenaison, des récoltes abondantes, les granges remplies de foin et de grain.

la maison, les meubles, un beau domaine, une métairie, une maison neuve, une cour, une tour, un four, un moulin à vent.

Des Voyelles composées et nasalles, suite.

une meule de foin, les roues d'une voiture, un essieu rompu, un moule de bois, un rateau à dents de fer, un balai de jonc, le coin du feu, une pendule, une balance, des rideaux épais, un flambeau éteint, un pot rempli de vin nouveau, un vase plein d'eau, des ciseaux pointus, un couteau à gaîne, un portrait encadré, un tableau, un fuseau d'ivoire, un miroir, une bourse pleine de louis, trente francs, vingt centimes, treize sous, seize écus.

vêtemens.

de beaux bijous, un ruban jaune long d'une aune, un manteau rouge ponceau, du velour, une ceinture de laine, un jupon teint en bleu, une paire de gants, un gland d'or, de la soie noire.

le corps.

une tête blonde, des cheveux noirs, un visage serein, un teint brun.

un menton pointu, une poitrine large, une peau blanche, le sang qui coule dans les veines, des mains jointes, la gauche et la droite, les doigts et le pouce, un beau son de voix, les coudes, les jambes, les poumons, les intestins.

les personnes.

un laboureur vigilant, un ouvrier diligent, un couvreur adroit, une nourrice, une servante, mon cousin, mon oncle, ma tante, mon parrain, ma tendre maman, ma voisine, mon régent, mon maître de dessein.

de jeunes enfans gais et badins, riant, dansant, jouant, sautant.

les jeux d'enfans sont, le volant, la paume, les poupées, la boule, les maisons de carton.

un enfant obéissant est aimé de ses parens et de ses maîtres.

un enfant entêté, indocile, mutin, plein de fantaisies, est détesté de tout le monde.

un voleur est toujours un menteur.

ÉLÉMENS DE LECTURE.
SECONDE PARTIE.
PREMIÈRE SECTION.

Voyelles simples.

a i o u é e
a i o u é e
A I O U É E

Voyelles composées.

ai ei oi ou eu au eau
ai ei oi ou eu au eau
AI EI OI OU EU AU EAU

Voyelles nasales.

an en, in, on, un, ain ein, oin
an en, in, on, un, ain ein, oin
AN EN IN ON UN AIN EIN OIN

Consonnes.

bp, mn, lr, dt, gc, vf, zs, j
bp, mn, lr, dt, gc, vf, zs, j
BP MN LR DT GC VF ZS J

Caractères liés.

fi ffi fl ffl
fin affidé fleur affligé.

Voyelles simples.

é *fermé*.	sévérité, témérité, vérité.
è *ouvert*.	modèle, comète, colère, sévère.
e *muet*.	pipe, robe, revenu, retenue.

er	berger, léger, papier, rosier.
ez	assez, nez, chez, rez de chaussée.
et	cadet, babet, filet, cachet, furet.

y	lyre, cybèle, tyran, Pyrame.
prononcez	lire, cibèle, tiran, Pirame.

Voyelles composées.

ai ei oi eu ou au eau.
vaine, veine, moi, vous, feu, saut, seau.

œu *pour* eu

nœud, vœu, œuf, bœuf, cœur, sœur, œuvre.

Voyelles nasales.

an en, in, on, un, ain ein, oin.
tante, tente, pin, pain, peint, bon, brun, foin.

am em im om um.

jambe, empire, impoli, ombre, humble, emmené, emmiellé, emmanché, emmuselé.

n *et* m *devant une voyelle.*

inanimé, inégal, inique, inodore, inutile, aîné, onéreux, unité, imité, aimé, reine, fontaine, peine, romaine, moine.

vain, vaine, plein, pleine, persan, persane, Simon, Simone, divin, divine, aucun, aucune.

Voyelles longues : Signes d'allongement.

â î ô û ê   aî eî oî eû   oû   au eau.

pâte gîte côte flûte, appât dépôt affût, tête fête crême, forêt arrêt apprêt têt maître, reître, boîte, voûte, jeûne, aune défaut nigaud, bateau ciseau bureau.

as os ès,   ais ois,   aix oix eux.

repas repos procès, palais minois, la paix la voix, fameux curieux vertueux.

ie ue ée   aie oie,   eue oue.

épée rosée, folie manie, morue revue, plaie, joie, roue, une lieue, une queue.

are ire ore ure ère   aire oire.

avare délire, pilore, nature colère amère, notaire salaire, mémoire gloire croire.

ase ise use èse, ose   aise oise, euse.

base bise mélèse ruse rose dose, blaise, toise treize, épouse heureuse.

ave, ove uve ève, aive ouve.

rave, alcove cuve sève glaive louve.

Nasales suivies d'une syllabe féminine.

avance parente jambe détrempe, ente, monde, ponte, prince, pompe sombre, teinte enceinte, pointe, sainte, feinte.

Des Consonnes. Des Lettres c g q k, etc.

ga go gu, gea geo ju -- ca co cu, ça ço çu.

dégât, gaîne, gaule, ganse, regain, gorge, gondole, goître, goutte, figure.

orgeat, obligeant, un geai, Fargeau, Georges, pigeon, bourgeois, bourgeonné.

---

ducat, caisse, cause, cantique, publicain, école, Coire, coupe, conte, cuve, aucun.

façade, français, berceau, perçant, glaçant, maçonnerie, garçon, françois, il reçut.

gi gé ge -- gui gué gue.

égide, génie, argent, orage, orageux, largeur, mangeur, rougeur, songeur.

guide, guérite, guinguette, guindé, guet, muguet, prodigue, onguent, fougueux, gueux, longueur, rigueur, langueur, vigueur.

---

ci cé ce -- qui qué que.

cime, cédé, médecin, décent, ceinture, ceux.

Pique, équité, quolibet, piqûre, piqué, paquet, raquette, conquête, lequel, laquelle, un quai, un carquois, moqueur, vainqueur, quantité, requin, éloquent, quelqu'un.

qua *pour* coua.

aquatique, équateur, quaterne, quadruple. Quadrupède, quadragénaire, in-quarto, quacre, questeur, équestre, quintuple, équilatéral.

k. kali, kan, kyrié, kilomètre, kola, koran.

h *nul.*

un homme habile, honnête, humain, il est heureux, une heure, une hoirie, des huîtres, hydre, hypocrite, hiver, hydropique, hysope.

L'homme d'honneur, l'heure, l'hoirie, l'hiver, Thomas, théâtre, thême, thérèse, du thym, Catherine, méthode, bonheur, malheur, rhume, le Rhône, le Rhin, réthorique, de la rhubarbe, déshonnête, déshérité, déshabitué, déshonoré, inhabile, inhumain, inhabité, inhérent.

h *aspiré.*

le hasard, la honte, du houblon, de la haine, une hotte, un héros, des haricots, les hannetons, il est hardi, tu es haut.

che -- cha ché chi cho chu.

cheval, cloche, chapeau, chiffre, chef, chéri, chèvre, cachet, bûchette, échelle, richesse, chopine, chûte, chaise, choix, chou, fâcheux, fraîcheur, blancheur, un manchon, méchant, champêtre, prochain.

ch *pour* k.

écho, chœur, choriste, Zacharie, archange, anachorète, eucharistie, chiromancie.

phe -- pha phé phi pho phu.

phalange, philippe, phosphore, phénicie, Philosophe, géographe, géographie, alphée, éléphant, triomphant, alphonse, siphon, physique, physionomie, porphyre, zéphyr.

Syllabes. Lettres nulles.

Du trait de séparation à la fin des lignes.

On aime et on chérit un enfant docile et obéissant ; on déteste un menteur.

Élision de l'e muet, dans la prononciation.

Une porte ouverte, une ame honnête.

Apostrophe en remplacement d'une lettre supprimée.

J'aime et j'estime l'enfant qui s'adonne à l'étude ; j'honore l'homme vertueux.

Lettres qui ne se prononcent pas à la fin des mots.

du plom*b*.	du lar*d*.	aspe*ct*.	des mur*s*.
du dra*p*.	un bor*d*.	respe*ct*.	des ami*s*.
un fusi*l*.	un sour*d*.	prom*pt*.	des ra*ts*.
un bon*d*.	un por*c*.	vin*gt*.	des ban*cs*.
un pla*t*.	faubour*g*.	le doi*gt*.	les bor*ds*.
un étan*g*.	une par*t*.	le tem*ps*.	des par*ts*.
un ban*c*.	un sor*t*.	le cor*ps*.	des déser*ts*.
une cle*f*.	un déser*t*.	le poi*ds*.	des for*ts*.
un tapi*s*.	un rever*s*.	le remor*ds*.	les aspe*cts*.
un épou*x*.	un cour*s*.	mon fi*ls*.	les doi*gts*.

Lettres nulles dans le corps des mots.

on écrit,	lisez,	on écrit,	lisez,
compte,	conte.	vuide, vuidé,	vide, vidé.
exempter,	exemter.	jean, jeanne,	jan, jane.
promptitude,	promtitude.	seoir, asseoir,	soir, assoir.
baptême,	batême.	échoir,	échoir.
sculpter,	sculter.	saoûl, saoûle,	soû, soûle.
condamner,	condaner.	le mois d'août,	le mois d'oû.
solemnel,	solanel.	la saône,	la sône.
indomptable,	indontable.	paon, faon,	pan, fan.

s final se prononce dans plusieurs mots de langues anciennes.

Pallas, Mars, Athamas, Atropos, Délos, Argos, Adonis, Paris, Cérès, Palès, Venus, Brutus, Argus.

Voyelles formant seules des syllabes.

éa éé éi éo éu — éai éan éon.

Créateur, géomètre, Néréide, réussite, réel, créé, suppléé, agréé, réélu, réédifié, linéaire, Dépréaux, Léandre, Caméléon, Créon, théâtre, théorie, apothéose, Théodore, althéa.

aa aé ao — aan aon.

Gabaa, Galaad, Paoli, Macao, Gabaonite, Aglaé, Danaé, Phaéton, Canaan, Pharaon.

oa oé oo — oan oon.

Moabite, coagulé, poésie, coéternel, zoolite, coopéré, Loanda, épiploon, laocoon.

aha éha oha.

Bahama, Abraham, trahir, envahir, Mahomet, cahot, cahute, souhait, souhaité.

Réhabilité, véhicule, véhément, Jéhova, Jéhu, répréhensible, appréhension, incompréhensible.

Cohabité, cohéritier, cohorte, cohue, cohésion, incohérent, prohibé, Bohême.

ai oi — ou au — ain oin — ei eu eau.
aï oï — oü aü — aïn oïn — éi éu éau.

Zaïre, Caraïbe, Danaïde, naïf, naïveté, laïc, héroïne, Héloïse, égoïste. Saül, Danaüs, Bagoüs, Pyrithoüs, Caïn, coïncidé, Isaïe.

Noël, Israël, Jesraël, Joël, Nathanaël.

gue guë — figue ciguë contiguë ambiguë.

Déité, réunion, fléau, réinvité, réimprimé.

Fausses et vraies diphthongues.

ia ié io iu -- iai iou ieu iau -- ian ion.

Mariage, sobriété, carriole, reliûre, ariette, papier, gibier, portier, portière, manière, salière, vestiaire, furieux, furieuse, brioudes, matériaux, lion, union, confiance, alliance, pliant.

bien rien.

Du bien, bienfait, le tien, le sien, le mien, je tiens, je viens, je soutiens, je parviens, musicien, comédien, italien, prussien, arien.

ien *se prononce* ian *dans les mots suivans :*

Science, client, patient, patience, expédient, audience, expérience, conscience; récipient, l'orient, etc.

ti *pour* si.

Nation, dictionnaire, martial, partiel, essentiel, patient, ambitieux, Gratien, vénitien, minutie, facétie, prophétie, initier, balbutier.

---

ua ué ui uo -- uai ueux uau -- uan uon.

Ruade, bruine, virtuose, nuée, ruine, bluet, bluette, ruelle, cruel, continuel, suaire, mortuaire, vertueux, fastueux, gluaux, remuant, remuons, confluent, influence, suint.

oua oué oui -- ouai oueux -- ouan ouon.

Rouage, Édouard, nouure, réjoui, Louise, enjoué, jouet, fouet, brouette, prouesse, douaire, boueux, boueuse, noueux, joueur, louange, jouant, nous jouons, nous louons, babouin, marsouin, arabe bédouin, Rouen.

aïe

Suite, mouillé faible.

aïa aïé aïo aïu -- oïa oïé oïo oïu.

Naïade, caïer, Baïonne, baïonnette, faïence, aïeul, païen, païenne, caïeu, la caïenne, aïeux.

rayon voyage fuyard pays.
rai-ion voi-iage fui-iard pai-is.

Crayon, métayer, rayé, balayé, effrayé, payeur, balayeur, effrayant, essayant.

Foyer, noyer, royal, royaume, noyeau, joyeux, voyeur, pitoyable, croyable, Noyon, croyant, doyen, citoyen, citoyenne, mitoyen.

Appuyé, essuyé, ennuyeux, tuyau, fuyant, pays, paysage, paysan, paysanne, abbaye.

Mouillés forts.

gna gné gnè gni gno gnu.

Vigne, campagne, éloigné, dignité, vignoble, rognure, assignat, saignée, compagnie, beignet.

Agneau, seigneur, soigneux, baignoire, signal, compagnon, mignon, régnant, répugnance.

aille ille eille euille ouille.
paille fille oreille feuille grenouille.

Bataillon, bailliage, maillet, taillis, vaillant, papillon, brillant, périlleux, billet, grillage, treillage, surveillant, meilleur, merveilleux, feuillage, feuillette, feuillée, feuilleton, il veuille, bouilli, bouillon, bouillant, brouillard, rouillé.

œil œillet œilleton -- vieil vieillesse vieillard.
recueil recueillir -- orgueil s'enorgueillir.

34 *Syllabes composées, deuxième espèce.*

br pr - dr tr - gr cr - vr fr - bl pl - gl cl - fl.

Prêtre, trèfle, traître, mordre, pilastre, lustre, grenier, grenade, brebis, fredaine ; nous prenons, Prytanée, Dryades, Glycère, Clymène, bryone.

sp st sc -- sca sco scu -- sci scé scè.

Spatule, spécieux, spirituel, sporades, spongieux. Statue, stérile, stimulé, style, stupide, stance. Scarabée, scandé, scorie, scutari, scabieuse. Scie, science, scélérat, scène, scel, sceau, scellé.

sg squ sv pt pn ps ct cn gn cz mn.

Sganarelle, squelette, squirre, svelte, Ptolomée, Psyché, Ctésiphon, pneumatique, Ctésias, Cnéius, Czar, Czarine, Gnomon, Gnyde, Mnémosine.

thr chr phr chl phl pht sph.

Thrace, anthropophage, chronologie, chrétien, chrysalide, christ, phrase, phrygie, camphre, Chloris, Phlégéton, phthisie, sphère, sphacèle.

Syllabes composées, troisième espèce.

ab ib ob ub -- ap ip op up ep -- emp omp.

Absent, observé, subvenir, subterfuge, subside, aptitude, adapté, option, adoption, Égypte, rupture, interruption, soupçon, soupçonné.

Rédempteur, péremptoire, métempsycose, Assomption, consomption, présomptueux.

m *se prononce dans les mots suivans :*

Samnites, somnifère, somnambule, calomnie, Memnon, amnistie, hymne, gymnase.

ag ig og ug eg yg.

Agde, stagnant, segment, Egmond, énigme, Pygmée, amygdales, augment, drogman.

Syllabes composées, troisième espèce. Suite.

ac ic oc uc ec — anc inc onc.

Action, rédaction, coction, octobre, nocturne, prédiction, conviction, conducteur, réduction, élection, direction, objection, adjectif, insecte.

Sanction, sanctuaire, distinction, du zinc, onction, fonction, injonction, componction.

transpiré, inspiré, conspiré.

Barbarisme, matérialisme, gargarisme, fabuliste.
Transpiré, transposé, transporté, monstre, constance.
Inspiration, instinct, inspecteur, instituteur.
Esprit, destin, despote, respiré, inespéré.

yr yl yc yp ys.

Myrthe, martyr, syrte, système, systole, mystère, Sylvain, Calypso, gypse, cystique, Égypte.

ath ith oth uth eth.

Ararath, Naboth, Loth, Ruth, Elisabeth, athlète, athmosphère, arithmétique, athlas, bothnie, rythme.

aph iph oph uph eph.

Joseph, Jephté, Nephtali, Daphné, Naphte, diphthongue, apophtegme, paphnuce, ophtalmie.

ach ich och uch ech.

Arachné, drachme, brachmane, ichtiophage, ichtiologie, technologie, technique, polytechnique, lychnis.

axe ixe oxe uxe exe — exa exé exi exo exu.

Maxime, fixité, équinoxe, luxe, sexe, annexe, vexation, auxiliaire, anxiété, oxymel, Alexis.

Examiné, exécuté, exilé, exaucé, exemple.
Exhalé, exhérédé, exhibé, exhorté, exhumé.
Exact, inexact, inexorable, inexecutable.

x *initial*. Xavier, Xantipe, Xercès, Xanthus.
x *nul*. Prix, croix, époux, le flux et reflux.
x *prononcé*. Félix, Pollux, Ajax, Fox, Linx.
x *pour* ss. Buxy, Auxerre, Bruxelles, soixante.
x *pour* z. Sixième, dixième, deuxième.

Syllabes comp. 3e espèce. Consonnes redoublées.

Trappe, flatteur, trousseau, croissant, graisse, applati, aggravé, accroupi, affligé, attroupé, belle, soubrette, lettre, détresse, étrenne, teppe.

acca acco accu -- acci accé.

Accablé, accusé, occasion, succulent, accolé, accéder, accès, accessible, inaccessible, accident, siccité, accepté, succession, occident, accent, succès.

n et m redoublés.

Anne, Jeanne, vannier, tanneur, bannière, innocent, garenne, la mienne, italienne.

amment emment.

Savamment, obligeamment, éminemment, patiemment, sciemment, innocemment, diligemment, éloquemment, fréquemment.

arre, irre, orre, ourre, eurre.

Marron, marri, carreau, barreau, bourre, bourreau, beurre, terre, verre, tonnerre.

s s. Signe d'allongement dans quelques mots.

Entassé, passage, lassé, grasse, graisse, caisse, froissé, grossier, dossier, désossé, pressé, cessé.

essai, dessus.

Essuyé, essentiel, effort, effacé, effronté, dessein, dessalé, pressentir, messéant, ressif, messie, dessus, dessous, ressort, ressemblant, ressouvenir.

sc pour ss.

Disciple, condisciple, descendre, condescendre, discerner, fascine, conscience, prescience.

Consonnes redoublées, prononcées.

Légal, illégal, illégitime, illicite, illimité.
Résolu, irrésolu, irrégulier, irrévocable, erreur.
Mortel, immortel, immodeste, immobile.

Syllabes surcomposées.

spl str scr.

Splendeur, repas splendide, glandes spléniques.
Stratagême, strophe, stribord, strangurie.
Scribe, scrupule, scrutin, scrophuleux.

ars, irs, ers, ors, urs.

Le Dieu Mars, perspicacité, perspective, interstices, superstition, superstitieux.

abs ebs ibs obs ubs.

Abstrait, abstinence, abstersif, s'abstenir, obstacle, obstiné, obscurité, obstrué, obscurcir, substitué, substantif, substitution, substantiel.

expa, exta.

Expatrié, expédient, expiration, expension, exposé, exporté, expulsé, expert, expectoré, exprimé, expression, explosion, exploits, exprès.

Extasié, exténué, extant, extirpé, extorqué, exterminé, extinction, extravasé, extrême, extrémité, extraordinaire, extrait, extravagant.

exca exco excu -- exci excé excè.

Excavation, excorié, excommunié, excusé, exclusif, exclamation, excrétion, excroissance.
Excédé, excès, excellent, excepté, excité.

explicable inexplicable.

Inexpérience, inexpiable, inexprimable, inextricable, inexpugnable, inextinguible.

Syllabes surcomposées. Suite.

Un liard, un tiers, tierce, fier, fierté, tiercelet, cuistre, casuiste, piastre, suif, entousiasme, pluie, fruit, bruit, truite, Ébroin, groin, froid, gaïac, boïard, aïeul, caïard, bisaïeul, glaïeul, fuyard, savoyard, boyard, loyal, royal, foyard, signal, rossignol, Cognac, mignard, Seigneur, tillac, Ravaillac, tailleur, meilleur, brouillard, travail, poitrail, soleil, chevreuil, treuil, péril.

tras trans pros pres cras.

Transcrit, proscrit, prescrit, frustré, brusqué, crispé, tristesse, plastron, blasphême, christ, christianisme, clystère, crystal.

Spasme, Sparte, spectre, spectacle, spectateur.
Clarté, éclair, éclaircir, scarpe, scorbut.
Sterling, sternutatoire, stigmate, strict.
Psalmiste, Gibraltar, arbitral, svelte, central.

frac trac brac flac.

Fraction, effraction, abstraction, attraction, extraction, infraction, district, restriction, affliction, construction, obstruction, structure, destruction, instruction, fluctuation, apoplectique.
Flexion, réflexion, inflexible, fluxion, complexion.
Flegme, stagnation, fragment, drogman.

crip trip.

Description, inscription, prescription, rescription, transcription, proscription, imprescriptible, clepsydre, Triptolême, styptique, triphtongue, sphinctère, sphinx, styx, splanchnologie, subreptice.

SECONDE SECTION. — LE VERBE.

Prononciation particulière de quelques désinences.

er   *Je vais* danser, chanter, jouer.
ez   *A présent* vous dansez.
      Autrefois vous dansiez.
      Si vous vouliez vous danseriez.
      A présent nous dansons.
      Autrefois nous dansions.
      Si nous voulions nous danserions.
ai   *Hier* je dansai, je chantai.
      Demain je danserai, je chanterai.
ais   *Autrefois* je dansais, il chantait.
      Si je voulais je danserais.
ois   *Autrefois* je dansois, il chantoit.
      Si je voulois je danserois.
ent   *A présent*, *mes frères* dansent.
      Hier ils dansèrent, ils sortirent,
      ils coururent, ils revinrent.
      Il faudrait qu'ils dansassent,
      qu'ils courussent, qu'ils sortissent
aient *Autrefois* ils dansaient.
      S'ils voulaient ils danseraient.
oient *Autrefois* ils dansoient.
      S'ils vouloient ils danseroient.

Je vais danser.

Je viens de déjeûner, je vais fermer la porte et me disposer à étudier. Je vais répéter ma fable, réciter ma leçon. Ma tâche est finie, mon papa m'a permis d'aller m'amuser : je vais donc me promener, jouer, danser, sauter, badiner, babiller, me récréer. La récréation est finie ; il faut rentrer, garder le silence, travailler pour contenter mon papa, mériter et gagner son amitié.

A présent vous dansez.

Mes chers enfans, écoutez-bien mes conseils, et suivez les toute votre vie. Adorez Dieu et aimez-le de toute votre ame ; offrez-lui votre cœur, et observez bien ses Commandemens. Aimez, chérissez, honorez et respectez vos bons parens ; obéissez-leur sans murmurer : aimez vos camarades, rendez-leur service ; ne les frappez point. Ne volez pas, ne jurez pas, ne boudez pas, ne vous mettez pas en colère : ne mentez jamais, et vous serez chéris de tout le monde.

Demain vous danserez.

Mes petits amis, vous irez à l'école, vous ne vous amuserez pas en chemin ; vous garderez le silence, vous ne causerez pas, vous ne badinerez pas ; vous lirez une fable ; vous écouterez bien votre Maître, vous lui obéirez bien ; vous reviendrez, vous dînerez, et ensuite vous vous divertirez : vous sauterez, vous danserez, vous vous promenerez.

Exercices sur les désinences du Verbe. Suite.

Autrefois vous dansiez.

Quand vous étiez petits, vous marchiez avec peine, vous pleuriez souvent, vous dormiez une partie du jour, vous donniez bien des soucis à votre maman.

Si vous vouliez, vous danseriez.

Si vous étiez sage, si vous écoutiez mes avis, vous seriez heureux : si vous aviez fini votre tâche, vous viendriez vous promener avec moi, vous vous amuseriez, vous vous réuniriez à vos amis, vous prendriez votre récréation, vous joueriez ensemble.

Si vous saviez lire, vous liriez de jolis contes, vous les apprendriez par cœur, vous les retiendriez, vous deviendriez savans, vous jouiriez d'un doux plaisir, et vous contenteriez vos parens.

A présent nous dansons, demain nous danserons.

Nous allons à Buxy, nous partons à l'instant ; nous y resterons quelque temps ; nous reviendrons avec notre papa.

Autrefois nous dansions.

Quand nous étions à la campagne, nous avions du bon temps, nous allions à la promenade, nous dansions sur la pelouse, nous prenions nos ébats, nous sortions, nous courions, nous rentrions.

Si nous voulions, nous danserions.

Si nous avions fini notre devoir, nous irions dans le verger, nous y porterions notre goûter, nous goûterions sur l'herbe, nous boirions de l'eau à la fontaine, nous entendrions chanter les petits oiseaux.

Hier je dansai.

L'autre jour je travaillai bien, je contentai mon papa, je récitai sans faute ma leçon, j'achevai mon devoir, je pliai et rangeai mes livres, j'allai au petit bois avec mon frère, je dansai sur l'herbe, je cherchai des noisettes, je trouvai un nid de fauvette ; je m'approchai doucement, je regardai les petits, je ne les pris pas, je les laissai à leur pauvre mère ; j'en vis un qui était tombé du nid, je l'y replaçai, je m'éloignai, je regagnai la maison, je revins content, je soupai de bon appétit, j'allai me coucher, j'offris mon cœur à Dieu et m'endormis paisiblement.

Demain je danserai.

Demain je travaillerai bien, j'obéirai à maman, et je tâcherai de contenter mon papa, j'étudierai avec courage.

Autrefois je parlais.

Ce matin, tandis que mon frère jouait et s'amusait, je m'occupais à lire ; tu étudiais ; Jules écrivait ; mon cousin rentrait et sortait, Fanfan criait, Julie dansait et chantait, ma cousine brodait, ma sœur travaillait, mon papa nous regardait et souriait.

Si je voulais, je danserais.

Si tu remportais le prix, mon papa serait bien content, il t'embrasserait, te caresserait; tu obtiendrais une récompense; il te mènerait à la campagne, tu serais félicité, tu jouirais d'un grand plaisir.

Exercices sur les désinences du Verbe. Suite. 43

Autrefois je dansois.

Quand j'étois petit, j'avois de petites mains, j'étendois mes petits bras, j'ouvrois une petite bouche, je ne pouvois parler; ma mère m'allaitoit, me nourrissoit, me soignoit; on ne m'enlaçoit pas dans un maillot; maman chantoit pour m'endormir, elle me parloit avec tendresse; j'entendois et je comprenois ce qu'elle disoit : mon bon papa me caressoit, m'embrassoit, me prenoit sur ses genoux, je lui souriois, je passois mes petites mains autour de son cou, je le baisois : quand je dormois, on ne faisoit pas de bruit; quand j'étois malade, on avoit bien soin de moi ; maman passoit les nuits près de mon berceau ; quand je guérissois, on étoit bien content : oh ! combien je serois ingrat si je ne chérissois de si bons parens, et si je ne cherchois à leur plaire.

Si je voulois, je danserois.

Si j'étois riche, si j'avois beaucoup d'argent, je ne le dépenserois pas en objets de gourmandise, je ne le perdrois pas au jeu, j'achèterois un champ, je bâtirois une maison, je ferois un petit jardin, je le clorrois de murs, j'y planterois des arbres, je n'en mangerois pas seul les fruits, j'en donnerois à mes amis, je les inviterois à me venir voir, je les recevrois avec amitié, je rendrois service à mes voisins, j'aurois soin des pauvres, je les soulagerois, je ferois du bien à tout le monde, et je serois content.

Désinences du Verbe. Suite.

Mes frères dansent.

Mes cousins étudient, ils travaillent, ils s'appliquent à l'étude, ils finissent leur devoir ; ils ont fini : ils jouent, ils se recréent, ils s'amusent, ils se réjouissent, ils rient, ils se donnent la main, ils s'accordent bien ; ils ne disputent point entre eux, ils se disent des choses agréables, ils s'embrassent, ils s'aiment tendrement, ils obéissent bien à leur papa.

Hier mes cousins s'éveillèrent de bon matin ; ils étudièrent, ils travaillèrent, ils s'appliquèrent à leur devoir, ils l'achevèrent, ils obtinrent la permission d'aller à la promenade avec leur papa ; ils rencontrèrent votre frère ; ils le saluèrent, l'embrassèrent ; ils s'entretinrent agréablement ; ils revinrent ; ils reprirent leur travail, ils se remirent à l'ouvrage, ils le firent bien et furent satisfaits.

Il faudrait que vos frères se levassent de bon matin, qu'ils s'occupassent sérieusement de leur devoir, qu'ils s'appliquassent beaucoup, qu'ils travaillassent avec courage, qu'ils obtinssent la permission d'aller à la promenade, qu'ils portassent leur déjeûner dans un petit panier, qu'ils s'égayassent sous la feuillée, qu'ils déjeûnassent sur la pelouse, qu'ils bussent à la fontaine, qu'ils s'amusassent, qu'ils jouassent, qu'ils courussent, qu'ils revinssent, qu'ils reprissent leur ouvrage, qu'ils le fissent avec zèle, qu'ils étudiassent bien et qu'ils méritassent les bontés de leur papa et de leur maman.

Autrefois mes frères dansaient.

L'autre jour mes frères vous attendaient ; ils se faisaient une joie de vous voir ; ils avaient préparé tous leurs jeux ; ils disaient du bien de vous ; ils louaient votre sagesse et témoignaient beaucoup d'amitié pour vous.

Si les enfans voulaient profiter de mes leçons, ils deviendraient savans, ils seraient heureux, ils obtiendraient l'amitié de leurs parens et se rendraient dignes de l'estime de leurs camarades.

Mes frères dansoient.

Hier, tandis que mes frères étudioient et travailloient, mes cousins récitoient leurs leçons, mes cousines brodoient, mes sœurs filoient, mes oncles sortoient et rentroient ; dans une chambre voisine, de petits enfans sautoient, se divertissoient, se donnoient la main, dansoient en rond ; d'autres jouoient au volant ; d'autres encore formoient un cercle et chantoient de petites chansons.

Si mes frères avoient fini leur devoir, ils obtiendroient la permission d'aller dans le jardin, ils se promèneroient sous les arbres, ils feroient de petits jeux, ils entendroient chanter le rossignol, ils feroient de petits jardins, ils les bêcheroient, sarcleroient ; ils y semeroient des graines de fleurs ; ils reviendroient et reprendroient avec plaisir leur ouvrage.

Tu es sage, tu es aimé, vous êtes justes.

Mon frère est sage, il est bon, il est aimé.

Sois juste. *Il faut* que les enfans soient vrais, qu'ils soient studieux, qu'ils soient sages.

Soyons justes ; soyez honnêtes et polis.

Il faut que nous soyions sages, que vous soyiez honnêtes.

Verbe avoir.

J'ai étudié, j'ai lu, j'ai du plaisir.

Ce matin j'ai eu faim, tu as eu faim, il a eu faim ; nous avons eu faim, vous avez eu faim, ils ont eu faim.

Hier j'eus soif, tu eus soif, il eut soif ; nous eûmes soif, vous eûtes soif, ils eurent soif.

Il faudrait que j'eusse lu, que tu eusses lu, qu'il eût lu ; que nous eussions lu, que vous eussiez lu, qu'ils eussent lu.

Aie courage, ayons courage, ayez courage.

Il faut attendre que j'aie lu, que tu aies étudié, qu'il ait dîné ; que nous ayions lu, que vous ayiez étudié, qu'ils aient dîné.

Un enfant ayant bien travaillé eut le prix. Ayons pitié des malheureux. Ayez toujours le plus grand respect pour vos parens.

Il faut que nous ayions de la complaisance pour nos amis. Il faut que vous ayiez le courage d'achever votre devoir.

Prononcez éiant, éions, éiez.

Prononciation difficile de quelques temps.

Je me recrée, j'étudie, je joue, j'essaie, je broie ; mes frères se recréent, ils crient, ils saluent, ils jouent, ils essaient, ils appuient, ils nettoient.

Demain je me recréerai, tu étudieras, il jouera; nous saluerons, vous essayerez, ils nettoieront.

S'il le fallait, je suppléerais, tu prierais, il saluerait; nous jouerions, vous appuieriez, ils essaieraient.

Autrefois nous entrions, vous entriez; n. célébrions, v. célébriez; n. poudrions, v. poudriez; n. consacrions, v. consacriez; n. souffrions, v. souffriez; n. tremblions, v. trembliez; n. triplions, v. tripliez.

A présent.	*Autrefois.*
Nous piquons, vous piquez.	Nous piquions, vous piquiez,
nous fatiguons, vous fatiguez.	nous fatiguions, vous fatiguiez,
nous prions, vous priez,	nous priions, vous priiez,
n. n. récréons, v. vous récréez,	n. n. récréions, v. vous récréiez,
nous saluons, vous saluez,	nous saluions, vous saluiez,
nous jouons, vous jouez,	nous jouions, vous jouiez,
nous payons, vous payez,	nous payions, vous payiez,
nous fuyons, vous fuyez,	nous fuyions, vous fuyiez,
nous nettoyons, vous nettoyez,	nous nettoyions, vous nettoyiez,
nous gagnons, vous gagnez,	nous gagnions, vous gagniez,
nous éveillons, vous éveillez.	nous éveillions, vous éveilliez.

Si nous voulions, nous paraîtrions, vous paraîtriez, nous reviendrions, vous reviendriez, nous enseignerions, vous enseigneriez, nous travaillerions, vous travailleriez.

Il faudrait que j'enseignasse, que tu enseignasses, qu'il enseignât ; que nous enseignassions, que vous enseignassiez, qu'ils enseignassent.

Il faudrait que je travaillasse, que tu travaillasses, qu'il travaillât; que nous travaillassions, que vous travaillassiez, qu'ils travaillassent.

J'écoute, je m'habille, je t'aime, il s'arme, je l'attends, je n'ose parler, je l'avertis.

J'ai dîné, il m'a vu, il t'a parlé, il n'a pas lu, il t'aurait vu, il m'aurait parlé.

Il m'est cher, il t'est cher, il s'est égaré, il n'est pas sage, mon frère l'est, il ne l'est pas, tu t'es perdu, tu n'es pas sage, tu l'es.

Quand je t'eus parlé, qu'il m'eût vu, il n'eut pas le prix, il faudrait que j'eusse lu, qu'ils m'eussent vu, que je l'eusse écouté, qu'ils n'eussent pas tort, que je t'eusse parlé.

J'en ai, je n'en ai pas, il s'en va, il t'en donne, il m'en parle, il craint d'en parler.

J'y vais, je n'y vais pas, il s'y trouve, je t'y verrai, je m'y trouverai.

C'est cela, c'était lui, c'eût été dommage, c'est de l'or, ce n'en est pas, c'en est, c'en serait, c'en eût été.

Qu'il vienne, qu'elle parte, qu'on dise, que l'on ne dise pas, qu'a dit votre père ? qu'avait fait votre ami ? qu'aurait dit ma sœur ? qu'eût dit ma mère ? qu'eussent dit mes frères ? quoiqu'ait dit mon cousin, quoiqu'ils aient dit.

Qu'est devenu Fanfan ? qu'était-il devenu ? je ne sais qu'y faire ni qu'en dire ; je lis mieux qu'eux, il n'est bien qu'où il n'est pas, je vais jusqu'en Italie, venez jusqu'ici, jusqu'où allez-vous ? jusqu'à Paris.

Il ne fait qu'étudier, qu'avancer, qu'étendre les bras ; ce n'est qu'en étudiant qu'on parvient ; quelqu'un vient, quelqu'une d'entr'elles.

Que

Que dis-je ? où suis-je ? que puis-je ? que dois-je faire ? n'étais-je pas fou ? ne fus-je pas fou ? ne viens-je pas de lire ? ne devrais-je pas parler ? que pourrais-je dire ?

Hier, parlai-je ? me trompai-je ? brûlai-je ? demain parlerai-je ? lirai-je ? si j'avais un livre, étudierais-je ? lirais-je ?

A présent, brûlé-je ? parlé-je ? me trompé-je ? dussé-je périr ? puissé-je vous voir.

As-tu lu ? parles-tu ? dors-tu ? es-tu sage ? parle-moi, parles-en, va-t'en, t'en vas-tu ? que dit-il ? dort-il ? court-elle ? prend-il place ? répond-il ? mord-elle ? perd-il ? fond-elle ?

Où va-t-il ? ira-t-elle ? parle-t-il ? y va-t-on ? ne voilà-t-il pas qu'il y va ?

Où allons-nous ? sommes-nous prêts ? allons-y, prenons-en, rendons-leur cela.

Où allez-vous ? dormez-vous ? parlez-en, venez-y, aimez-nous, rendez-leur cela.

Où sont-ils ? iront-elles ? dorment-ils ? que n'entraient-elles ? qu'eussent-ils dit ? qu'ont-ils fait ? où iraient-elles ?

Est-ce toi ? n'est-ce pas lui ? l'est-ce ? ne l'est-ce pas ? qu'est-ce que cela ? était-ce lui ? ne l'était-ce pas ? fut-ce ma faute ? ne fut-ce pas la vôtre ? que serait-ce ? sera-ce ton tour ? ne le sera-ce pas ?

A-ce été ma faute ? n'a-ce pas été la tienne, l'a-ce été ? ne l'a-ce pas été ? qu'aurait-ce été ? que devrait-ce être ? que pourrait-ce être ? que ne devra-ce pas être ?

4

Exercice en Majuscules.

Voyelles.

A I O U -- É È E

AI EI OI -- OU EU AU EAU

AN EN IN ON UN -- AIN EIN OIN.

Consonnes.

H. BP. MN. LR. DT. GC. VF. ZS. J. CH. K. Q.

Mon petit ami, écoutes mes avis, tu seras heureux si tu les suis ; adore ton Créateur et aime-le de tout ton cœur ; c'est Dieu qui a créé tout ce qui existe ; il est infiniment grand, infiniment puissant ; il voit tout, il sait tout, il est présent par-tout. Tu n'es jamais seul, Dieu te regarde sans cesse, tu ne peux te cacher de lui ; il connaît jusqu'à tes plus secrètes pensées. Il aime beaucoup les enfans sages, et les récompensera dans une autre vie ; il punira les méchans et les libertins : prends donc bien garde de faire jamais des sottises en sa présence. Quand tu sens de la répugnance a faire une mauvaise action, c'est Dieu qui parle a ton cœur, et qui te dit : Mon enfant, garde-toi de faire cela ; écoute donc bien la voix de Dieu, et ne fais jamais ce qu'il te défendra.

Exercice en Caractères italiques.

Voyelles.

a i o u é è e — y.

ai ei oi — eu ou au eau

an en in on un — ain ein oin.

Consonnes.

h bp mn lr dt gc vf zs j ch k. q.

Écoute encore, mon bon ami, ce que je vais te dire : Honore et chéris ton bon papa et ta bonne maman ; songe à tout ce qu'ils ont fait pour toi depuis que tu es au monde : Ton papa fait tous les sacrifices possibles pour ton éducation ; il ne travaille que pour toi ; il n'existe que pour te rendre heureux : Ta tendre mère qui t'a nourri, qui a élevé ton enfance avec tant de bonté ; . . . . qui te chérit plus que sa vie ; . . . . si tu lui faisais du chagrin, tu serais un monstre : obéis donc à tes bons parens avec empressement, et ne fais jamais rien qui puisse leur déplaire.

Sois juste, honnête et poli avec les camarades ; ne fais jamais aux autres ce que tu ne voudrais pas qui te fut fait à toi-même : tu n'aimes pas qu'on te fasse du mal ; il n'en faut donc jamais faire à personne.

(,) *La Virgule.* Le chat, naturellement sauvage, est adroit, souple, méfiant, indocile, ingrat, méchant par caractère, insensible aux caresses, dangereux dans sa colère.

(;) *Le Point-Virgule.* Il n'est point de défaut plus bas que le mensonge ; il suffit qu'on soit une fois connu pour menteur ; on n'a plus le droit d'être cru, et l'on perd la confiance.

(:) *Les Deux-Points.* Dieu réserve des récompenses pour ceux qui auront fait le bien : quant aux méchans, il les punira.

(.) *Le Point.* J'aime de tout mon cœur mon bon papa et ma bonne maman. Mon frère et ma sœur sont animés des mêmes sentimens que moi.

(?) *Le Point interrogatif.* D'où venez-vous ? que dites-vous ? avez-vous étudié ?

(!) *Le Point admiratif.* Que Dieu est bon ! que sa puissance est grande !

(....) *Les Points suspensifs.* Qu'as-tu fait ?.... malheureux enfant !.... manquer de respect à sa mère !.... à la meilleure des mères !.... je devrais te :.... tu pleures,.... tu reconnais ta faute ;.... je veux bien de pardonner ;.... mais promets-moi que jamais....

(—) *Trait de séparation.* Quel âge avez-vous ? — J'ai six ans. — D'où venez-vous ? — Je reviens de l'école. — Aimez-vous bien votre papa et votre maman ? — Oh ! de tout mon cœur.

DES LIAISONS.

Liaisons usitées des Lettres nulles.

T. Mon petit ami, il est entré, ils sont aimés.
D. Un grand arbre, il prend un livre.
S. Mes amis, vos ouvrages, tu es aimé.
Z. Venez ici, rentrez en classe, restez-y.
X. Un doux espoir, de beaux ouvrages.

Liaison usitée de N *final.*

Mon ami, ton ami, mon bon ami, on est sage, on en parle, j'en ai, tu en auras, le bien-aimé, il n'a rien à dire, mon ancien ami, le mien est là, le sien est égaré.

Nulle, après une Consonne prononcée.

D'un bord à l'autre, ma part est faite, lourd et pesant, sourd et muet, corps à corps, il a tort en cela.

*Élision de l'*e *final devant une Voyelle.*

Une porte ouverte, une jolie enfant, etc.

Liaison de s, *signe du Pluriel.*

Des portes ouvertes, de jolies enfans, des rues écartées, des airs agréables, des parts égales.

La liaison a lieu devant H *nul.*

Cet homme est honnête; je suis humain, un bon homme, un grand homme.

Devant H *aspiré, point de liaison.*

Il est haut, ils sont hardis, nous sommes honteux, vous êtes haïs, un grand hasard, des héros, une porte haute, une haine, etc.

CHIFFRES ARABES.

1 2 3 4 5 6 7 8 9.

10, 20, 30, 40, 50, 60, 70, 80, 90, 100, 1000, 10,000.
11, 12, 13, 14, 15, 16, 17, 18, 19, 20, 24, 36, 47, 58, 69, 87.
70, 71, 72, 73, 74, 75, 76, 77, 78, 79, 80, 83, 89, 88, 87.
90, 91, 92, 93, 94, 95, 96, 97, 98, 99, 100, 200, 300.

Numération. | Fractions.

Millions.			Mille.			Unités.		
centaines.	dizaines.	unités.	centaines.	dizaines.	unités.	centaines.	dizaines.	unités.
1	1	1	2	2	2	3	3	3
4	4	4	5	5	5	6	6	6
7	7	7	8	8	8	9	9	9
2	1	1	3	1	2	4	1	7
5	2	3	6	3	4	7	4	5
8	5	6	9	6	7	4	7	8
7	3	9	6	9	2	3	1	3
2	0	0	5	0	0	9	0	0
3	2	0	4	5	0	8	7	0
9	0	4	7	0	8	3	0	7

$\frac{1}{2}$ un demi.
$\frac{1}{4}$ un quart.
$\frac{3}{4}$ trois quarts.
$\frac{1}{3}$ un tiers.
$\frac{2}{3}$ deux tiers.
$\frac{1}{5}$ un cinquième.
$\frac{1}{6}$ un sixième.
$\frac{5}{6}$ cinq sixièmes.
$\frac{1}{8}$ un huitième.
$\frac{5}{8}$ cinq huitièmes.
$\frac{1}{12}$ un douzième.
$\frac{1}{10}$ un dixième.
$\frac{1}{20}$ un vingtième.
$\frac{13}{20}$ treize vingtièmes.
$\frac{1}{100}$ un centième.

Chiffres Romains.

I V X L C D M.
un cinq dix cinquante cent cinq cent mille.
IV quatre, IX neuf, XL quarante, XC quatre-vingt-dix.
I. II. III. IV. V. VI. VII. VII. IX. X. XI. XII. XIII. XIV. XV. XVI.
XVII. XVIII. XIX. XX. XXX. XL. L. LX. LXX. LXXX. XC.
C. CC. CCC. CCCC. D. DC. DCC. DCCC. DCCCC. l'an
MDCCLIV. l'an DXLVI. l'an MDCCCV. l'an MDCLXXXIX.

François I. François premier.
Louis XII. Louis douze.
Henri IV. Henri quatre.
Charles V. Charles quint.

Pie VII. Pie sept.
Clément XIII. Clément treize.
Innocent X. Innocent dix.
Jean XXII. Jean vingt-deux.

LIVRET DE MULTIPLICATION.

(2)		
2 fois	2 font	4
2	3	6
2	4	8
2	5	10
2	6	12
2	7	14
2	8	16
2	9	18

(3)		
2	3	6
3	3	9
3	4	12
3	5	15
3	6	18
3	7	21
3	8	24
3	9	27

(4)		
2	4	8
3	4	12
4	4	16
4	5	20
4	6	24
4	7	28
4	8	32
4	9	36

(5)		
2	5	10
3	5	15
4	5	20
5	5	25
6	5	30
7	5	35
8	5	40
9	5	45

(6)		
2	6	12
3	6	18
4	6	24
5	6	30
6	6	36
7	6	42
8	6	48
9	6	54

(7)		
2	7	14
3	7	21
4	7	28
5	7	35
6	7	42
7	7	49
8	7	56
9	7	63

(8)		
2	8	16
3	8	24
4	8	32
5	8	40
6	8	48
7	8	56
8	8	64
9	8	72

(9)		
2	9	18
3	9	27
4	9	36
5	9	45
6	9	54
7	9	63
8	9	72
9	9	81

(10)		
2	10	20
3	10	30
4	10	40
5	10	50
6	10	60
7	10	70
8	10	80
9	10	90
10	10	100

(11)		
2	11	22
3	11	33
4	11	44
5	11	55
6	11	66
7	11	77
8	11	88
9	11	99
10	11	110
11	11	121

(12)		
2	12	24
3	12	36
4	12	48
5	12	60
6	12	72
7	12	84
8	12	96
9	12	108
10	12	120
11	12	132
12	12	144

12	144	1728
12	20	240

S. S. Sa Sainteté. Le S. P. le Saint-Père, le Souverain Pontife. S. M. Sa Majesté. S. M. I. et R. Sa Majesté impériale et royale. L L. M M. leurs Majestés. S. M. T. C. Sa Majesté très-chrétienne. S. M. C. Sa Majesté catholique. S. M. B. Sa Majesté britannique. S. H. Sa Hautesse. La P. O. La Porte Ottomane. Le R. la R. Le Roi, la Reine. S. A. Son Altesse. S. A. S. É. Son Altesse Sérénissime Électorale. S. E X. Son Excellence. S. É. Son Éminence. S. G. Sa Grandeur. S. R. Sa Révérence. Le R. P. Le Révérend Père. Le D. Le Duc. Le G. D. Le Grand Duc. Le C. Le Comte. Le V. C. Le Vicomte. Le M. Le Marquis.

Mr Monsieur. Mgr Monseigneur. Me Maître. M M. Messieurs. Mme Madame. Mlle Mademoiselle. M Mmes Mesdames. C.^{n} Citoyen. C.^{ne} Citoyenne. M.^{d} Marchand. N.^{gt} Négociant. Pr Procureur.

J. Jean. J. M. Jean-Marie. J. B. Jean-Baptiste. J. J. Jean-Jacques. P. Pierre. A. Antoine. C. Claude. E. Etienne. F. François. L. Louis. J.^{ne} Jeanne. St Saint. Ste Sainte. S. Pierre, Saint Pierre.

C-à-d. c'est-à-dire. etc. etcœtera. ch. chapitre. art. article. n.^{o} numéro. §. paragraphe. vol. volume. rel. relié. br. broché. f.^{o} folio. p. page. v. p. 829. voyez page 829. t. s. v. p. tournez s'il vous plaît.

Abréviations par chiffres.

Le 1.er le premier. le 2.^{d} le second. le 3.e le troisième. 1.º primo. 2.º secundo. 3.º tertio. 4.º quarto. 5.º quinto. 87^f 25^c quatre-vingt-sept francs vingt-cinq centimes. 132^m 60^c. cent trente-deux mètres soixante centimètres. 14^l 13° 6^g. quatorze livres treize onces six gros.

INSTRUCTION
ABRÉGÉE

Sur les Élémens de la Lecture.

Cette Instruction comprend, 1.º des notions générales sur les Principes de la prononciation et les Élémens de la lecture; 2.º Quelques développemens sur le plan que j'ai suivi dans la distribution de ces mêmes Élémens; 3.º Enfin, une explication particulière de chacune des Leçons contenues en la seconde Partie de ce Livre.

Par BORDET, *Instituteur.*

Il est de la plus grande importance qu'un Instituteur ait une prononciation exacte et pure.

A CHALON-SUR-SAONE;
De l'Imprimerie de J. B. PILLOT.

AN XIV. -- 1805.

AVANT-PROPOS.

BIEN des personnes, en jetant un coup d'œil superficiel sur cet Ouvrage, le jugeront défectueux : Elles seront sans doute étonnées de la nouveauté et de la singularité de ses formes. Elles m'accuseront d'avoir tronqué l'Alphabet, et d'en avoir interverti l'ordre. Elles seront sur-tout scandalisées de ne point apercevoir, dès les premières pages, cette forêt de lettres, de voyelles identiques, de signes et d'élémens de toute espèce, qu'elles ont coutume de trouver dans les Livres prétendus élémentaires qu'elles ont entre les mains. Je conviens que celui-ci ne ressemble en rien à tous ceux du même genre : Le plan, la méthode, l'ordre et la distribution des Élémens, tout est neuf, tout est original, et je crois pouvoir ajouter que tout est raisonné : C'est ce dont on sera convaincu, lorsqu'on aura bien saisi mes vues et mes motifs : Mais, comme les développemens que j'ai à donner à cet égard supposent quelque connaissance des principes du langage et de l'orthographe, et que les personnes qui n'ont pas fait d'études n'ont que des idées vagues sur ces mêmes principes, je dois, avant de passser à l'explication de mon plan, donner une Instruction courte qui mettra le Lecteur à même de juger sainement du but de cet Ouvrage et de son utilité.

NOTIONS GÉNÉRALES

SUR

LES ÉLÉMENS DE LA LECTURE

ET LES PRINCIPES DE LA PRONONCIATION.

LE Discours se compose de mots. Les mots se divisent en syllabes ; et les syllabes se forment par la réunion des lettres.

DES LETTRES.

Les lettres, considérées quant à leur forme, se divisent en caractères Romains et en caractères *Italiques*.

Le caractère Romain est celui qui a été employé dans tout cet Ouvrage.

Le caractère Italique est celui que vous présentent ces deux lignes.

Les lettres se distinguent encore en majuscules ou grandes lettres ; et en minuscules ou petites lettres.

Une majuscule en tête d'un mot se nomme *Capitale* ; Exemple : Napoléon, Empereur des Français et Roi d'Italie.

Les lettres considérées comme signes de nos pensées, se divisent en voyelles et en consonnes.

Les *Voyelles* désignent les sons de la voix : telles sont les lettres A É I O U.

Les *Consonnes* représentent des mouvemens ou battemens de la langue, des dents, des lèvres, etc. telles sont les lettres B P M N L R D T G C, etc.

DES VOYELLES.

On distingue les voyelles, dans la langue écrite, en simples et en composées.

On appelle voyelles *simples*, celles qui ne sont désignées que par un seul caractère ; Exemple : A I O U É.

On appelle voyelles *composées*, celles qui sont désignées par plusieurs caractères ; Exemple : AI EI EU OU AU EAU, etc.

Les voyelles *nasales* sont celles que l'on prononce en fermant l'orifice du nez ; Exemple : AN IN ON UN.

Nota. 1.° On distingue trois sortes d'E.

l'É *fermé*, qui prend l'accent aigu, (´)

l'È *ouvert*, qui prend l'accent grave, (`)

l'E *muet*, qui ne s'accentue pas, et qui n'a qu'un son sourd et faible, comme dans *robe*.

Un E est sonore sans être accentué, quand il ne termine pas la syllabe : dans les mots *berger*, *respect*, *sellier*, *verset*, ce ne sont point les E, mais les lettres D R S L T C qui terminent les syllabes.

S final ne donne pas de son à l'E qui le précède ; Exemple : *Jules*, *Georges* ; lisez, *Jule*, etc.

Nota. 2.° Dans les voyelles *composées* EI AI EU OU AU EAU AIN EIN, les voyelles simples A I O U E dont elles sont formées, perdent le son qui leur est propre : mais si l'on met deux points sur l'I et Ü, ou un accent sur l'É, alors les voyelles sont décomposées ; c'est-à-dire, que chaque lettre reprend sa valeur naturelle et se prononce séparément : Dans les mots *paire, reine, meule, toutou, Paul, peau, peint, pain*, les voyelles ei eu ou, etc. sont composées : Elles sont décomposées dans *Zaïre, Bagoüs, Saül, Caïn* : Elles le sont également dans *réuni, réinvité, réimprimé, réitéré, fléau*.

Il en est de même des diphthongues OI OIN UI ; la syllabe est composée dans *coin, gloire, nuit ;* elle est décomposée dans *coïncidé, Héloïse, nous concluïons*.

Le signe orthographique (··) se nomme *tréma ;* l'I et l'U qui le prennent s'appellent l'ï et l'ü tréma.

Nota. 3.° N et M à la fin des mots, ou devant une consonne, ne sont point consonnes ; Exemple : *ruban, vin, faim, nom, tante, songe, lampe*, etc.; ces lettres concourent alors à former la nasale et en font partie constituante : elles ont leur valeur naturelle et sont de pures consonnes, quand elles sont devant une voyelle ; Exemple : *cane, mine, ami, tôme*, etc.

Ces règles souffrent quelques exceptions, que vous trouverez dans l'explication particulière des Leçons de lecture.

DES VOYELLES IDENTIQUES.

On appelle *Identiques*, des voyelles qui, ayant la même prononciation, s'écrivent néanmoins d'une manière différente ; ainsi, dans les mots *procès, français, j'allois, forêt*, ès, ois, ais, êt, sont identiques.

Nota. Y après une consonne, ou quand il forme un mot, n'a que le son d'un seul I ; Exemple : *Pyrame, il y a;* lisez, *Pirame, il i a.* Après une voyelle, il a le son de deux i ; Exemple : *crayon, voyage, tuyau, pays, abbaye;* lisez, *crai-ion, voi-iage, tui-iau, pai-is, abbai-ie.*

DE LA QUANTITÉ DES VOYELLES.

On appelle quantité des voyelles, la mesure des longues et des brèves.

Une voyelle *longue* est celle qui se prononce avec un appui considérable de la voix : tels sont l'A et l'O, dans les mots *pâte, repos.*

Une voyelle *brève* est celle qui se prononce avec un léger appui de la voix : telles sont celles des mots *ami, pavé, coco, toutou.*

J'appelle valeur naturelle d'une voyelle, celle qu'elle a, quand elle n'est accompagnée d'aucun signe d'allongement: les voyelles simples A O U I É, et la voyelle composée OU, sont naturellement brèves.

L'E muet n'est qu'un demi-ton, et n'exige qu'une tenue de moitié moindre que celle des précédentes.

sur les Élémens de la Lecture.

Les voyelles AI EI, la diphthongue OI, ainsi que les nasales AN IN ON UN, etc. se prononcent d'un ton plein et plus ferme que les précédentes.

Les voyelles AU et EAU sont longues.

DES SIGNES D'ALLONGEMENT.

J'appelle signe d'allongement, un accent, une lettre ou une syllabe qui indiquent qu'il faut appuyer fortement sur telle voyelle.

L'accent circonflexe (^) est signe d'allongement dans *pâte*, *voûte*, *tête*.

S final est signe d'allongement dans *repos*, *repas*, *palais*, *minois*.

Les syllabes finales *re*, *ve*, *se*, le sont dans les mots *rave*, *tare*, *rose*.

DES CONSONNES.

En voici le tableau :

BP LR DT GC VF ZS J CH ; et enfin N et M que l'on appelle *nasales* : Elles sont toutes simples, excepté CH.

Je les ai assemblées deux-à-deux, parce qu'un même organe produit toujours deux battemens qui ne diffèrent qu'en ce que l'un est plus fort que l'autre : ainsi, dans le tableau ci-dessus, B est la faible, et P la forte, et ainsi des autres.

On prend quelquefois la faible pour la forte, et la forte pour la faible, dans la prononciation ; Exemple : On écrit, *Claude*, *second*, *secret*, et l'on prononce *Glaude*, *segond*, *segret*.

On écrit *sang impur*, on lit *san kimpur*.
On écrit *neuf ans*, on lit *neu vans*.
On écrit *grand arbre*, on lit *gran tarbre*.
On écrit *rose*, et on lit *roze*.

DES CONSONNES IDENTIQUES.

Dans *sopha* et *Sophie*, F et PH sont identiques : Les consonnes C K Q CH le sont également dans les mots *cage*, *kama*, *qualité*, *écho* ; c'est-à-dire, qu'elles ont la même prononciation.

DES CONSONNES C et G.

Le C et le G ont une double prononciation : ils sont durs devant A O U ; Exemple : *gant, goût, figure ; camp, code, cure.*

Ils sont doux devant I É È E, et sont alors identiques de S et J ; Exemple : *gilet, génie, légère, page ; cime, céleri, cène, noce.*

Pour adoucir le G dur, on intercale, entre cette lettre et la voyelle suivante, un E qui ne se prononce pas ; Ex. : *orgeat, pigeon* ; on lit, *orjat, pijon.*

Pour adoucir le C dur, on met une cedille sous le C ; Exemple : *façade, français, reçu.*

On durcit le G devant I É, en intercalant la lettre U entre le G et la voyelle suivante ; Exemple : *figue, baguette, onguent, fougueux* : cet U intercalé est nul ; il se prononce cependant dans quelques mots, tels que, *aiguille, aiguiser, ambiguité, contiguité, arguer.*

Le

Le c *dur* devant I, É, est exprimé par la lettre Q, toujours suivie d'un U qui ne se prononce pas ; Exemple : *équité, éloquent, quête, requin*, etc.

NOTA. Qua, qué, qui, quin se prononcent comme s'il y avait *coua, cué, cui, cuin*, dans les mots *aquatique, équiangle, équestre, quintuple*, et quelques autres.

DE LA LETTRE S.

La consonne s a le son du z toutes les fois qu'elle est entre deux voyelles ; Exemple : *rose, poison* : On l'appelle alors s doux.

Si s n'est pas entre deux voyelles, s'il commence le mot, ou s'il est redoublé, il est dur ; Exemple : *Solon, danse, poisson.*

Ces règles souffrent quelques exceptions que l'usage apprendra.

Le T a le son de s dans les mots *nation, martial, partiel, Vénitien, initier, ineptie*, et plusieurs autres : il a toujours le son qui lui est propre après un s ; Exemple : *bastion, digestion, combustion*, etc.

DE LA LETTRE H.

Cette lettre est tantôt nulle, tantôt signe d'aspiration faible, et tantôt signe d'aspiration forte.

H est nul dans *Thomas, rhume, inhumain, exhumer ;* lisez, *Tomas, rume, inumain.*

H est signe d'aspiration faible, c'est-à-dire, qu'il n'exige qu'une faible impulsion des poumons dans *Mahomet, cohéritier, véhicule.*

5

H est signe d'aspiration forte, c'est-à-dire, qu'il se prononce de la gorge et avec une forte impulsion des poumons, dans les mots suivans, *le héros, la haine, un hareng, une hâche, des hannetons.*

DES SYLLABES.

Comme ma méthode est particulièrement basée sur la distinction des syllabes, je prie le Lecteur de donner la plus grande attention aux Notions suivantes.

Une partie de mot, que l'on prononce d'une seule impulsion de la voix, s'appelle *syllabe* : Il y a autant de syllabes dans un mot, qu'on peut compter de ces différentes impulsions ; il y a donc cinq syllabes dans le mot *in-con-si-dé-ré*.

Si un mot n'est que d'une syllabe, on l'appelle *monosyllabe*; Exemple : *rat, pied.*

Une voyelle seule peut former une syllabe, comme *a, o, é, u, i*, dans *E-o-le, a-mi, ré-u-ni, ha-ï.*

On appelle syllabe *initiale*, celle qui commence un mot ; Exemple : . . . . . . PAradis.
Finale, celle qui est à la fin . . paraDIS.
Pénultième, l'avant-dernière . . téméRIté.

Une syllabe féminine est celle qui est terminée par un E muet ; Exemple : *be, ve, me, le ;* toute autre syllabe est masculine.

Il entre souvent dans la formation des syllabes, des lettres qui ne se prononcent pas : on les appelle *lettres nulles.* Les lettres B P C D G L sont *nulles*

sur les Élémens de la Lecture. 67

dans pl*om*B , dr*a*P , ba*n*C , gla*n*D , sa*n*G , *fusi*L , ba*p*téme , co*m*pter.

Quelquefois, pour éviter un hiatus ou bâillement désagréable, on supprime une lettre d'une syllabe, et on remplace cette lettre par une *apostrophe* ('); ainsi, au lieu de dire *le an, le homme, la ame, si il vient*, on dit, *l'an, l'homme, l'ame, s'il vient.*

On supprime aussi l'E muet final devant une voyelle, dans la prononciation ; Exemple : *porte ouverte*, lisez, *por touverte* : cette suppression n'a pas lieu devant le H aspiré; Exemple : *porte haute, je me hâte, il se hasarde.*

DES DIFFÉRENTES ESPÈCES DE SYLLABES.

Je distingue les syllabes en *simples*, *composées* et *surcomposées*.

Une syllabe est *simple*, quand elle ne laisse entendre qu'un seul son ; Exemple : *la, mi, bon, main, temps, champ.*

Une syllabe est *composée*, quand elle laisse entendre deux sons et deux articulations d'une seule impulsion de la voix; Exemple : *nuit, moi, bras, blanc, coq, char.*

On connaît encore qu'une syllabe est *composée*, quand on peut la diviser en deux syllabes *simples*; Exemple : *nu-it, mo-a, be-ra, be-lanc, co-que, cha-re.*

Une syllabe est *surcomposée*, quand elle laisse entendre, dans un seul temps, plus de deux sons et plus de deux articulations, et qu'elle peut se diviser en plus de deux syllabes simples : *fruit*, *miel*, *froc*, *Mars*, sont des syllabes surcomposées, lesquelles étant décomposées, donneraient *fe-ru-it*, *mi-è-le*, *fe-ro-que*, *Ma-re-ce*.

NOTA. Les syllabes surcomposées présentent aux enfans les plus grandes difficultés que la lecture puisse offrir, à raison du grand nombre de lettres dont elles sont formées, et de la complication de ces mêmes lettres dans la prononciation : telles sont, entre autres, les syllabes *strict*, *stras*, *sphinx*, *stix*, où l'enfant articule quatre consonnes pour une seule voyelle écrite : la décomposition donnerait, *se - te - ri - que*, *se - te - ra - ce*, *se - phin - que - ce*, *se - ti - que - ce*.

DES SYLLABES COMPOSÉES.

Je distingue trois sortes de syllabes composées auxquelles je donne la dénomination de syllabes composées de première, seconde et troisième espèce.

Les syllabes composées de la première espèce sont celles où deux voyelles, placées l'une près de l'autre, se prononcent en un seul temps ; Exemple : *moi*, *nuit*, *vieux*, *bien*, *pied*.

Les Grammairiens appellent ces sortes de syllabes diphthongues : ce mot signifie double son.

Les syllabes composées de la seconde espèce sont celles où deux consonnes, placées devant une voyelle, se prononcent d'un seul coup de voix ; Exemple : *bra*, *spa*, *sta*, *fla*, etc.

Les syllabes composées de la troisième espèce, sont celles où une voyelle est placée entre deux consonnes prononcées ; Exemple : *bac*, *cor*, *tuf*, *sel*, *vil*, etc.

Nota. 1.º Parmi les *diphthongues*, il en est que l'on distingue sous la dénomination de *mouillés*.

Le *mouillé faible* est celui qui s'entend aux dernières syllabes des mots *aïeul*, *crayon*.

Il y a deux *mouillés forts* ; Savoir : celui qui s'entend aux dernières syllabes des mots *vigne*, *mignon*, *signal* ; et celui qui s'entend aux dernières syllabes des mots *travail*, *soleil*, *fauteuil*.

Nota. 2.º Lorsqu'une consonne est *redoublée*, les deux lettres semblables ne peuvent appartenir à une même syllabe ; ainsi, dans les mots *dette*, *balle*, la division doit se faire en cette sorte, *det-te*, *bal-le*.

Dans la plupart des mots de notre langue, la consonne redoublée n'équivaut qu'à une seule lettre ; ainsi, les mots *attache*, *accord*, *ballot* se lisent comme s'il y avait *a-tache*, *a-cord*, *ba-lot* : il faut cependant observer que la consonne redoublée désigne ordinairement qu'il faut prononcer très-brève la voyelle qui précède. Je dis *ordinairement*, parce qu'il est plusieurs mots dans lesquels ss et RR sont signes d'allongement ; Exemple, *marron*, *caisse*, etc. ; lisez, *mâ-ron*, *caî-ce*.

Les deux consonnes se prononcent dans plusieurs mots qu'il serait trop long de spécifier ; tels sont les suivans, *mal-léable*, *il-légal*, *ir-régulier*, *im-modeste*.

Nota. 3.° La lettre x équivaut à deux lettres, cs ou gz, qui appartiennent souvent à deux syllabes différentes.

x a le son de cs dans les mots *axe, sexe, luxe;* lisez, *ac-se, sec-se, luc-se.*

x a le son de gz toutes les fois qu'il se trouve entre un e qui commence le mot, et une autre voyelle; Exemple : *exil, exaucé, exécrable;* lisez, *ég-zil, ég-zaucé, ég-zécrable.*

Les deux lettres que représente le x appartiennent à la même syllabe, dans les mots *exposé, extasié, expliqué, excorié;* lisez, *ecs-tasié, ecs-posé, ecs-pliqué, ecs-corié* : la syllabe est alors surcomposée, et c'est pour cela que les enfans ont tant de peine à la prononcer.

J'appelle x *dur*, celui qui équivaut à cs; et x *doux*, celui qui a le son de gz.

x final est *dur* à la fin des mots *Ajax, Félix, Pollux,* et autres noms propres.

x est nul dans *flux, prix, croix,* etc. Il a le son de s dans les mots *Buxy, Auxerre, Aix, Auxonne, Bruxelles, soixante, dix, six.*

Il a le son de z dans *dixième, deuxième, sixième.*

Enfin, x final a le son de z, lorsqu'il se lie avec le mot suivant; Exemple : *heureux enfans, doux espoir;* lisez, *heureu zenfans, dou zespoir.*

J'observe, à l'égard des syllabes composées de la première espèce, que deux voyelles placées l'une près de l'autre ne se prononcent pas toujours en un seul temps ; il est une foule de mots dans lesquels les deux voyelles doivent se séparer en deux syllabes bien distinctes ; ainsi, les mots *piété, ruine, nuage, louange*, doivent se diviser en cette sorte, *ru-i-ne, nu-a-ge, lou-an-ge, pi-é-té.*

Quels sont les mots dans lesquels un assemblage de voyelles devra se prononcer en deux temps ? Quels sont ceux où cet assemblage formera une syllabe composée ou diphthongue ? c'est ce qu'il importe à un Instituteur de bien connaître ; mais cette distinction est bien au-dessus de la faible intelligence des enfans du premier âge : je n'ai donc pu établir de principes à cet égard dans un livre destiné pour eux ; ici comme dans bien d'autres occasions, l'enfant ne doit avoir d'autre guide que son Instituteur. Il en est de l'enfant qui apprend à lire, comme de celui qui apprend à parler ; il retient, par la seule imitation, la bonne ou mauvaise prononciation des personnes qui l'entourent. Il résulte néanmoins de cette observation, qu'il est de la plus grande importance que l'Instituteur ait une prononciation exacte et pure : c'est donc pour son instruction particulière que je dois placer ici quelques notions sur les diphthongues.

IA IO IU ; lisez, *i-a, i-o, i-u* ; Exemple : *mari-a-ge, fo-li-o-le, reli-ure, di-urne, Di-ane,* etc.

Ces assemblages de voyelles sont diphthongues dans *liard, pio-che, fio-le, dia-cre, fia-cre, dia-ble.*

IÉ ; lisez, *i-é* ; Exemple : *vari-é-té, soci-é-té, sobri-é-té,* etc. excepté dans les mots *moi-tié, pi-tié, ami-tié, pied.*

IER est diph. ; Ex : *pa-pier, fu-mier* ; IÈ l'est aussi dans les mots en IÈRE, *li-tiè-re, por-tiè-re,* etc.

Lisez, *i-er, i-ère,* dans *peupli-er, sucri-er, tabli-er, ouvri-er, sabli-ère, ouvri-ère, pri-ère,* et autres semblables ; et dans les verbes en *i-er* ; Exemple : *mari-er, déli-er,* etc.

IEU, diphthongue, dans les mots *vieux*, *cieux*, *lieu*, *milieu*, *essieu*, *Dieu*, *mieux*, *un pieu* : dans tous autres, lisez, *i-eu*; Exemple, *curi-eux*, *furi-eux*, *délici-eux*, etc.

IAI IAU, lisez *i-ai*, *i-au*, *vesti-aire*, *matéri-aux*.

ION, IAN, lisez *i-an*, *i-on*; Exemple : *alli-ance*, *uni-on*, *défi-ant*, *confusi-on*.

IEN, diphthongue dans les mots *bien*, *rien*, *chien*, *le mien*, *le tien*, *le sien*, *il tient*, *je viens*, et leurs dérivés; dans tous les autres, divisez de cette sorte, *itali-en*, *comédi-en*, etc.

UA UÉ UO UEU UAI UAN UON, jamais diphthongues; lisez *u-a*, *u-é*, etc.; Exemple : *nu-a-ge*, *salu-é*, *du-o*, *vertu-eux*, *mortu-aire*, *nu-ance*, *salu-ons*.

UI, diphthongue, *lui*, *détruit*, *cui-sine*, *nui-sible*, etc. excepté dans les mots *ru-i-ne*, *bru-ine*, *ingénu-ité*, *perpétu-ité*, *continu-ité*, *contigu-ité*.

OUA OUÉ OUI OUAI OUEN OUAN OUON, jamais diphthongues, *rou-age*, *nou-é*, *réjou-i*, *nou-eux*, *lou-ange*, *lou-ons*.

Nota. On prononce, dans la conversation, tous ces assemblages de voyelles, comme s'ils formaient des diphthongues. On dit : *ma-ria-ge*, *va-rié-té*, etc.; mais la lecture exige une plus grande exactitude.

DES MOTS.

On distingue les mots en *simples*, comme *porte*, *garde*, *coureur*, et en composés, c'est-à-dire, formés de la réunion de plusieurs mots, comme, *porte-manteau*, *arrière-garde*, *avant-coureur*.

Le trait qui unit ces mots se nomme *trait d'union*.

On appelle *dérivés*, des mots qui tirent leur origine d'autres mots. Les mots *cordage*, *cordier*, *corderie*, *cordon*, sont dérivés du mot *corde*.

Les mots considérés quant à l'usage qu'on en fait dans le discours, se divisent en substantifs, adjectifs, pronoms, verbes, adverbes, etc.

Les seuls qu'il importe de savoir bien distinguer, sont *les noms* et *le verbe*.

Le nom substantif est celui qui désigne les choses et les personnes ; Exemple : *Pierre, table*.

Le nom adjectif est celui qui désigne la qualité, bonne ou mauvaise, d'une chose ou d'une personne ; Exemple ; *bon, mauvais, grand, petit, savant, ignorant*, etc.

On distingue dans les noms, deux genres ; le *masculin* et le *féminin*.

Tout mot devant lequel on peut placer *un* ou *le* est du *masculin* ; Exemple : *le livre, un chapeau*.

Les mots *la* et *une* désignent *le féminin* ; Exemple : *la table, une porte*.

Il y a aussi dans les noms, deux *nombres* ; le *singulier*, qui ne désigne qu'un seul objet ; Exemple : *le livre, un homme* ; et *le pluriel*, qui en désigne plusieurs ; Exemple : *des livres, les tables*.

Les noms sont, *au pluriel*, terminés par un s, et quelquefois par un x ; Exemple : *des amis, des écus, des jeux, des chevaux*.

DU VERBE.

Le *verbe* est un mot qui désigne ordinairement une action, comme *jouer, frapper, sortir, marcher*, etc.

On connaît qu'un mot est un verbe, quand on peut placer devant ce mot : les pronoms *je, tu, il*. *Dormir* est un verbe, parce qu'on peut dire, *je dors, tu dors, il dort*.

On distingue dans le *verbe*, trois temps principaux ; Savoir :

    le *Présent*,   le *Passé*,   le *Futur*.
    Je parle,   Hier je parlai,   Je parlerai.

Le verbe est au *singulier*, quand on ne parle que d'une seule personne ; et au *pluriel*, quand on parle de plusieurs.

Chaque nombre a trois personnes ; Savoir : celles du *singulier*, désignées par *je, tu, il ;* et celles du *pluriel*, désignées par *nous, vous, ils*.

Singulier, je parle, tu parles, il parle.
Pluriel, nous parlons, vous parlez, ils parlent.

DU PLAN DE CET OUVRAGE.

Plus l'être pour lequel on compose un livre est ignorant et faible, plus il faut de précautions et d'adresse pour se rappetisser à son niveau et lui parler un langage qu'il puisse entendre.

Lorsque j'ai conçu l'idée d'un Livre élémentaire de Lecture pour les Enfans du premier âge, je me suis proposé ce problème :

Composer un Livre dont toutes les parties soient disposées dans un tel ordre, que les difficultés ne se présentent qu'une à une ; et qu'un Enfant, partant de la Leçon la plus facile qu'il soit possible, puisse arriver, par degrés insensibles et ménagés avec art, aux combinaisons les plus compliquées des Élémens de la Lecture : Enfin, ne mettre jamais sous les yeux de cet Enfant aucun mot, que le principe applicable à ce mot ne lui soit bien connu.

La solution de ce problème intéressant exigeait un travail opiniâtre et une grande patience. Je laisse aux personnes instruites à décider si j'en ai bien rempli les conditions.

Ce petit Ouvrage est divisé en deux Parties.

La première ne doit être considérée que comme une ébauche : Un Enfant n'est susceptible d'apprendre les Principes de la Lecture d'une manière méthodique et régulière, que quand il sait déjà un peu lire : je n'ai dû, par conséquent, lui présenter dans les premières Leçons, que des Élémens simples et faciles.

Cette première partie est divisée en deux Sections : la première ne contient que les combinaisons naturelles qu'on peut faire avec les voyelles simples A, I, O, U, É, E, et les consonnes également simples BP, MN, LR, DT, GC, VF, ZS, J.

La seconde Section ne renferme que quelques Leçons courtes sur les Voyelles composées et nasales combinées avec les consonnes ci-dessus.

J'ai cru devoir ajouter à ces Leçons quelques exercices, pour donner à l'Enfant un peu d'usage, et le familiariser avec tout ce que la lecture a de plus essentiel et de plus facile. Il résulte de cette précaution, que l'Enfant arrive à la seconde Partie, bien disposé et bien préparé, et qu'ayant à commencer un cours régulier, il entrera dans la carrière avec toute la facilité qu'il a acquise dans les précédentes Leçons.

La seconde partie présente à l'Enfant un cours complet et régulier des Principes de la Lecture.

Elle est également divisée en deux Sections : dans la première, je développe à l'enfant tout ce qui concerne les Voyelles, leurs identiques, leurs signes d'allongement; les Consonnes et leurs identiques; et les Syllabes de toutes espèces.

La seconde Section a pour but, d'apprendre à l'Enfant la prononciation particulière des désinences du Verbe, avec les difficultés que peut lui offrir le plus fréquemment cette partie du discours.

A la suite de cette dernière Section, j'ai placé quelques notions sur les signes orthographiques, les signes de ponctuation et les liaisons : elle est terminée par une idée sur les chiffres, les principes de la numération, et les abréviations. J'y ai ajouté un Livret de multiplication qu'il est essentiel d'apprendre aux Enfans dès l'âge le plus tendre.

On voudra bien observer, que jamais les principes contenus en une page n'empiètent sur la suivante : j'ai fait en sorte que cette page dît tout ce qu'il convenait sur tel ou tel Élément, qu'elle renfermât une Leçon d'un ordre particulier, et qu'elle formât comme un tableau complet.

Lorsque des principes ont quelqu'analogie, ils se trouvent, en ouvrant le livre, aux deux pages correspondantes : enfin, j'ai poussé les petits soins de détail jusqu'à désigner, dans chaque ligne, un assemblage particulier de lettres et d'élémens : ces petites dispositions, dont on ne tient guère compte à un Auteur, sont plus essentielles qu'on ne pense, dans un Livre élémentaire.

DES MÉTHODES D'APPELLATION
ET D'ÉPELLATION.

APPELER les lettres, c'est les nommer.

Épeler, c'est énoncer les lettres, pour en former des syllabes.

Assembler, c'est, dans le langage des Instituteurs, réunir des syllabes pour en former des mots.

De l'Appellation des Voyelles.

Les *voyelles simples* sont naturellement brèves ; cependant rien n'est plus ordinaire que d'entendre, dans les écoles, les enfans, les prononcer de toute la force de leurs poumons, en cette sorte, â, î, ô, û, ée, eu : en appuyant ainsi sur les voyelles, dans l'appellation, la plupart d'entre eux laissent entendre un arrière son extrêmement désagréable : âeu, éeu, îeu, ôeu, ûeu, ou bien âain, éin, îain, ôain, ûain ; telle est la source de ces accens détestables que prennent les enfans dès les premières leçons, et qu'il est ensuite extrêmement difficile de leur faire perdre.

Si en apprenant à connaître les voyelles il les fait longues, il fera également longues des syllabes qui sont brèves, bâ, bû, bée, pô, etc. : il lira de même les mots entiers, pâpâ, âmîe, écûe, et contractera ainsi l'habitude d'une manière de lire, lâche et traînante.

On doit donc faire prononcer aux enfans, les voyelles simples avec le son qui leur est propre; c'est-à-dire, bref, et telles qu'on les entend dans les mots, *ami*, *papa*, *coco*, *écu*.

L'e muet n'est qu'un demi-ton; il ne peut souffrir l'appui de la voix, et ne doit être qu'effleuré.

De l'Appellation des Consonnes.

Suivant l'ancienne méthode d'appellation, on fait prononcer aux enfans les consonnes, comme s'il y avait bé, cé, dé, effe, gé, ache, elle, emme, enne, pé, qu, erre, esse, té, vé, ixe, zède, etc. l'enfant toujours disposé à traîner sur les lettres, prononce bée, céeu, déeu, effeu, géeu, etc. J'ai déjà fait apercevoir combien cette manière lâche d'énoncer les lettres a d'inconvéniens.

Suivant la nouvelle méthode, il faut prononcer be, pe, me, ne, le, re, de, te, gue, que, ve, fe, ze, se, je, che, en n'appuyant que le moins qu'il est possible sur l'e muet.

Cette méthode doit être adoptée, parce qu'elle facilite beaucoup la lecture aux enfans: Je dois ajouter, qu'elle a l'approbation des plus savans Grammairiens.

De l'Épellation, et de l'Assemblage des Syllabes.

Suivant la méthode vulgaire, la syllabe se forme par l'appellation de chacune des lettres qui la composent : a-t-on la première syllabe d'un mot, on appelle les lettres de la seconde ; puis on reprend la première avec la seconde, et ainsi des autres : soit le mot *mortellement*, l'enfant lit en cette sorte : emme, o, erre, more ; té, é, elle, telle, mor-telle ; elle, é le, mortelle ; emme, e, enne, té, ment : mortellement.

La nouvelle consiste, à faire prononcer la syllabe sans appeler les lettres, et à former le mot, en énonçant successivement les syllabes qui le composent, en cette manière, *mor-tel-le-ment;* l'enfant n'a prononcé que quatre syllabes. Selon l'ancienne méthode, il eût été obligé d'en prononcer bien réellement trente-quatre.

La nouvelle est donc près de dix fois plus expéditive : j'invite les Instituteurs qui tiennent encore à l'ancienne, de faire l'essai de celle-ci, ils ne tarderont pas d'en apercevoir tous les avantages.

J'observe que l'ordre que j'ai suivi dans la disposition des Élémens, est très-propre à faciliter l'enseignement selon cette nouvelle méthode.

INSTRUCTION

INSTRUCTION PARTICULIÈRE

SUR

LES LEÇONS DE LECTURE.

Première Partie. Première page. LES LETTRES.

RIEN n'est plus facile que d'apprendre à un enfant à connaître les lettres ; mais il ne suffit pas qu'il sache les distinguer ; il est de la dernière importance qu'il apprenne à les énoncer habilement et sans hésitation. On trouvera à la première Leçon, une série de lettres mélangées, disposées pour ce but. *Voyez, sur la prononciation, la page 78.*

Énonciation des Syllabes.

Votre Élève doit les prononcer sans épeler, en cette sorte , ba, po, mi, né, ne, etc.; exigez qu'il ne fasse qu'un léger appui de la voix : Je le répète, une prononciation traînante est, de toutes, la plus vicieuse.

Je me suis bien gardé de lui offrir des ba, bé, bi, bo, bu ; en suivant cet ordre régulier, l'enfant retient par cœur les syllabes, et n'apprend plus rien.

Ne faites passer votre Élève à la lecture des mots, que quand vous serez assuré qu'il sait parfaitement énoncer les syllabes; lors même qu'il sera déjà un peu avancé dans ses lectures, ramenez-le souvent à ces premiers exercices ; tout le fruit que vous pouvez attendre des leçons subséquentes, dépend des progrès qu'il aura faits dans celle-ci. Si vous pouvez amener un enfant à lire les syllabes à première vue, à les énoncer nettement et hardiment ; les assembler ensuite pour en former des mots, ne sera plus qu'un jeu pour lui. Si, au contraire, vous le faites passer aux mots avant qu'il sache énoncer facilement les lettres et les syllabes, l'enfant ne lira plus qu'en hésitant et en balbutiant ; et des années entières s'écouleront sans que vous aperceviez des progrès sensibles.

4.e pag. *De la Lecture des Mots.*

En suivant la nouvelle méthode d'assemblage des syllabes, l'enfant énoncera les mots en les divisant en syllabes, et sans appeler les lettres ; soit le mot *témérité*, il lira, *té-mé-ri-té ;* puis, si vous le voulez, il répétera le mot entier *témérité*.

Il éprouvera d'abord quelque difficulté à nommer sur-le-champ les syllabes d'un mot ; mais il ne faut pas vous en effrayer, ni le tourmenter ; pour peu qu'il ait de docilité, il en viendra à bout ; la facilité s'acquiert par l'usage.

Je dois faire ici une observation importante. Les enfans ont une mémoire prodigieuse ; ils n'ont pas lu trois fois une page, qu'ils en savent les mots par cœur : lorsque vous les ramenez sur une leçon qu'ils ont déjà lue, ils ne se donnent pas la peine d'en lire les syllabes; ils énoncent le mot tout entier, et cherchent à le deviner. Cette habitude les rend extrêmement paresseux : ils ressemblent au jeune Musicien qui apprend un air par cœur pour se dispenser de suivre la note : mais, de même que celui qui ne s'attache pas à la note, ne saura jamais la musique; de même aussi l'enfant qui veut deviner les mots au lieu de les lire, ne saura jamais lire. Vous devez donc exiger qu'il lise les mots mêmes qui lui sont bien connus, avec le même soin et la même régularité que les autres. Il s'agit, par-dessus tout, de lui faire contracter l'habitude de cette exactitude rigoureuse qui s'attache à la lettre, qui suit pied-à-pied les syllabes. Du moment qu'il ne donnera plus qu'une faible attention à sa lecture, qu'il ne jettera sur son livre qu'un œil égaré, qu'il essayera de lire les mots sans les décomposer, tout sera perdu; il ne fera plus un seul pas en avant : défiez-vous donc de sa mémoire, et tenez-vous en garde contre tous les petits moyens qu'il emploie pour éluder la leçon.

Nota. 1.º Je n'ai pas mis en principe, dans cette première Partie, la distinction des trois é; j'ai cru qu'il suffisait qu'un enfant sut d'abord distinguer l'é fermé et l'e muet; il eut été mal-adroit de lui présenter, dès la première page, trois lettres de forme semblable, et qui ne diffèrent que par l'accent et sa disposition à droite ou à gauche ; s'il rencontre dans les premiers exercices, les mots *sévère*, *zèle*, il lira d'abord *sévére*, *zéle;* mais il sentira que cette prononciation est gênée, et la plus légère observation suffira pour lui faire entendre qu'on doit lire *sévère*, *zèle*.

Nota. 2.º Pour apprendre aux enfans à connaître les voyelles composées et les nasales, on les fait épeler de cette manière, *a*, *è*, *ai* ; *o*, *u*, *ou* ; *a*, *enne*, *an* ; *o*, *enne*, *on*, etc.; de sorte qu'en appelant les lettres, ils leur donnent le son qui leur est propre, et en énoncent ensuite un autre tout différent. Je désirerais qu'on les accoutumât à prononcer ces voyelles avec le son qui leur convient, sans appeler les lettres qui les composent et sans épeler, en cette sorte : *ai, ei, oi, ou, eu, au, an, in, on, un,* etc. Ils éprouveront d'abord quelque difficulté à les énoncer ainsi, et feront de fréquentes méprises ; mais enfin, après quelques leçons, ils parviendront à les connaître et à les distinguer. ; il n'est pas de fausses combinaisons ni de bizarreries avec lesquelles les enfans ne viennent à bout de se familiariser.

Nota. 3.º Pour ne pas faire double emploi, et ne pas tomber dans des répétitions fastidieuses, je passe à l'Explication des Leçons de la seconde Partie de cet Ouvrage ; tout ce que je dirai sur ces Leçons, trouvera son application dans celles de la première.

INSTRUCTION PARTICULIERE
SUR LES LEÇONS
DE LA SECONDE PARTIE.

P. 26. *Des Voyelles et de leurs identiques.*

É *fermé.* Cet *é* est bref ; Exemple : *pavé*, *vérité*. Quelques enfans prononcent comme s'il y avait *pavée*, *véritée*, ou *pavai véritai*.

È *ouvert.* On en distingue de deux sortes : l'È un peu ouvert, sur lequel on ne fait qu'un léger appui ; Exemple : *modèle*, *comète ;* et l'È très-ouvert, sur lequel on appuie fortement ; Exemple : *procès*, *colère.*

E *muet.* On ne doit appuyer que le moins qu'il est possible sur les syllabes terminées par cet E ; Exemple : *robe, pipe :* les enfans lisent *robeu*, *pipeu*.

ER *final.* Exemple : *papier*, *léger ;* lisez, *papié*, *légé*, et non pas *papiair*, *légeair*. Le R ne se prononce que dans quelques mots, tels que *ver*, *fer*, *mer*, *cher*, *fier*, *amer*, *enfer*, *lucifer*, *Jupiter*, *belvéder*.

EZ *final.* Prononcez avec le son de é long les mots, *nez*, *assez*, *chez*, *rez*, et non pas *chai*, *nai*.

ET *final.* Lisez avec le son de l'È ouvert très-bref les mots *cadet*, *Babet*, *filet*, etc.

Nota. Les mots *mes*, *tes*, *ses*, *ces*, *les*, *des*, se prononcent avec le son de l'Ê très-ouvert ; Exemple : *mes livres, tes amis;* lisez, *mê livres, tê ʒamis.*

Voyelles composées.

AI et EI sont identiques ; Exemple : *peine, vaine.*

Nota. AI a le son de É fermé dans quelques mots, tels que *aimable, l'aimant, aigu, aiguille, aiguiser, aigrette, aider*, etc. ; lisez, *émable, émant, égrette, éder,* etc.

OI. (*) *moi, toi, soi ;* lisez, *moa, toa, soa,* et non pas *moé, toé, soé,* ou *mouet, touet, souet.*

Nota. On trouve dans quelques livres, les mots *paraître, connaître, faible, français,* et leurs dérivés, écrits par OI, *connoître, foible, paroître :* ces mots ne s'écrivent plus ainsi.

ŒU et EU sont identiques ; Exemple : *peu, neveu, nœud, vœu,* etc. s se prononce dans *mœurs.*

Nota. On ne doit pas prononcer les mots *Europe,*

(*) OI est une diphthongue ou syllabe composée de première espèce, que j'ai cru devoir ranger parmi les voyelles composées, pour ne pas séparer des élémens qui ont la plus grande analogie entre eux. En effet, OI a la même valeur prosodique, et prend les mêmes signes d'allongement que AI ; Exemple : *balai, alloi ; palais, chinois ; plaie, joie ; maître, cloître.* il se décompose également par le tréma, *Héloïse, naïve :* et comme AI, il forme une nasale par l'addition d'un N, *sain, soin.*

heureux, *eucologe*, *Eucharistie*, *Euménide*, comme s'il y avait *ureux*, *ucharistie*, *uménide*, etc.

AU EAU identiques, se prononcent avec le son de l'ô long; Exemple : *saut, défaut, peau, veau.*

Nasales.

AN et EN sont identiques; Exemple, *ange*, *ente*.
IN, EIN, AIN, identiques, *pin, pain, peint.*
OIN, *moins, soin, pointe;* lisez, *moein, soein, poeinte*, et non pas *mouain, souain, pouainte*.
AM, EM, IM, EIM, AIM, OM, UM ont la même prononciation que AN, EN, IN, EIN, AIN, ON, UN.

Nota. 1.º N et M devant une voyelle, sont de pures consonnes; l'enfant doit lire, *i-négal*, *ai-né*, *ai-mé*, *carê-me*, *pei-ne*, *fontai-ne*, et non pas, *ain-négal*, *ain-né*, *carain-me*, *fontain-ne* : cette prononciation serait détestable.

Nota. 2.º EM est nasal dans *emmener*, *emmancher*, *emmieller*, etc; lisez, *an-mené*, *an-miellé*.

EN est nasal dans *ennui*, *enorgueillir*, *enivré*; lisez, *an-nui*, *an-norgueillir*, *an-nivré* : il ne l'est pas dans *ennemi*; lisez, *é-nè-mi* (è ouvert bref.)

p. 27.   *Signes d'Allongement*; v. p. 62.

Les principaux signes d'allongement sont; Savoir:
1.º *L'accent circonflexe* (^) comme dans *pâte*.
Nota. Ê a le son d'un È très-ouvert; Exemple; *tête, fête.*

2.º s à la fin des mots masculins terminés en

as, *os*, *ès*, *ais*, *ois* ; Exemple : *repas*, *repos*, *succès*, *bois*, *dais* ; et x dans ceux en *aix*, *oix*, *eux* ; *paix*, *choix*, *creux*.

Nota. Les dérivés de ces mots conservent l'allongement ; Exemple : *pas, passer, gros, grossier, épais, épaisseur, bois, boiserie, paix, paisible, choix, choisir, creux, creuser.*

3.° E muet non accompagné d'une consonne ; Exemple : *rue, folie, épée, roue, lieue, plaie, soie.*

Nota. Cet E est également signe d'allongement dans le corps des mots ; Exemple : *gaieté, remuement, ralliement, soierie, dévouement,* etc. ; lisez, *gaîté, soîrie,* etc.

4.° La syllabe finale RE ; Exemple : *tare, délire, nature, colère, poire, maire,* etc. ; lisez, *târe, délire,* etc.

5.° La syllabe finale VE ; Exemple : *rave, cuve, alcove, neuve, louve, glaive* ; lisez, *râve, cûve,* etc.

6.° La syllabe finale SE (s doux) ; Exemple : *rose, buse, pelouse, Blaise, toise,* etc. ; lisez, *rôse, toîse.*

7.° RR aux dernières syllabes d'un mot ; Exemple : *marron, marri, bourreau, beurre, terre,* etc. ; lisez, *mâron, têre* ; mais non pas aux premières ; Ex. *arrivé.*

8.° Les pénultièmes en AI EI OI sont longues, quand elles sont suivies d'une syllabe féminine ; Ex. *semai-ne, pei-ne, voi-le, moi-ne, seigle,* etc. ; lisez, *semaî-ne, peî-ne, voîle, moîne, seîgle* ; etc.

9.º Toute pénultième *nasale*, suivie d'une syllabe féminine, est longue; Exemple ; *tan-te*, *ventre*, *prince*, *songe*, *défunte*, *sainte*, *peintre*, *pointe*, etc; lisez, *tânte*, *prince*, *sainte*, *peinte*, *pointe*.

10.º Les terminaisons en ÈGE sont longues; Ex. *cortège*, *sacrilège*; celles en IGE et UGE exigent un appui moins considérable, *prodige*, *déluge*.

Pages 28 et 29. Des Consonnes.

Voyez, *Notions générales*, page 63.

CH. Quelques enfans prononcent les mots *cheval*, *acheté*, *cheveux*, *achevé*, comme s'il y avait *geval*, *geveux*, *agevé*, *ageté*; cette prononciation est ridicule.

Page 30. *Syllabes. Lettres nulles.* Voyez p. 66.

Page 31. Cette page présente à l'enfant des syllabes sans consonnes écrites, comme dans les mots *phaéton*, *coagulé*, *réélu*, etc. ou des syllabes qui n'ont pour consonnes que le H, signe d'aspiration faible, comme dans *Bahama*, *Mahomet*, *véhicule*, *prohibé*, etc. Les enfans éprouvent une grande difficulté à lire les mots où se trouvent ces sortes de syllabes ; mais cette difficulté n'est que l'effet du peu d'attention et d'exactitude qu'ils apportent dans la lecture ; car ces élémens n'ont rien de compliqué ni d'embarrassant.

Pag. 32. *Fausses et vraies Diphthongues.* V. p. 71.

Page 33. *Mouillés.*

Quelques personnes prononcent les mots *crayon*, *moyen*, *tuyeau*, comme s'il y avait *cra-ion*, *mo-ien*, *tu-iau* : l'Y, dans ces mots, équivaut à deux I ; lisez, *crai-ion*, *moi-ien*, *tui-iau*. *Pays*, *paysan*, *abbaye* : lisez, *pé-is*, *abbé-ie*.

Les enfans lisent les mots *magnifique*, *signifier*, etc. comme s'il y avait *maguenifique*, *siguenifier* ; on doit faire entendre le mouillé fort.

Nota. Dans les mots *stagnation*, *gnome*, *regnicole*, et quelques autres, G et N ont leur son propre.

Rien n'est si commun que d'entendre prononcer les mots *fille*, *paille*, *oreille*, *fauteuil*, etc. comme s'il y avait *pa-ieu*, *orè-ieu*, *fauteu-ieu*, *fi-ieu* ; on doit prononcer *fi-lieu*, *pa-lieu*, si ce n'est qu'au lieu de la voyelle *eu*, on ne doit faire entendre que le son très-faible d'un E muet.

Nota. Les mots *œil*, *orgueil*, *recueil*, et leurs dérivés, se lisent comme s'il y avait *euil*, *orgueuil*, *requeuil*.

Pag. 34. *Syllabes composées, deuxième espèce.*

Les enfans prononcent les mots *sucre*, *mordre*, *traître*, *oracle*, etc. comme s'il y avait *suque*, *morde*; *traite*, *oraque* ; 2.° les mots *grenier*, *grenadier*, *brebis*, *prenons*, *fredaine*, comme s'il y avait *gueurnier*, *gueurnadier*, *beurbis*, *peurnons*, *feurdaine* ; 3.° les mots *spirituel*, *statue*, *scarabée*, comme s'il y avait, *espirituel*, *estatue*, ou bien, *sepirituel*, *sur les Leçons de la seconde Partie.* 91

secarabée ; 4.° Les mots *bras*, *frais*, *croûte*, *blanc*, *flanquer*, etc. comme s'il y avait *beras*, *queroûte*, *belanc*, *felanquer* ; exigez que dans tous ces mots, et autres semblables, il prononce toutes les syllabes nettement, sans les décomposer et sans les tronquer.

Nota. H est nul dans les mots *chrétien*, *Thrace*, *Chloris*, etc. lisez, *crétien*, *Trace*, *Cloris* : mais dans les mots *Phlégeton*, *phrase*, *sphère*, *phthisie*, PH a le son de F ; lisez, *Flégéton*, *frase*, *sfère*, *ftisie*.

NOTA. Comme ces mots présentent à l'enfant de grandes difficultés dans la prononciation, faites-les lui passer, sauf à y revenir quand il sera plus instruit : J'en dis autant de tout ce qui, dans cette seconde Partie, vous paraîtrait trop difficile pour l'enfant qui fait un premier cours.

Pag. 34 et 35. *Syllabes composées, troisième espèce.*

Les enfans ont coutume de prononcer les mots *soldat*, *objet*, *admiré*, *option*, *action*, *augmenter*, etc. comme s'il y avait, *soledat*, *obejet*, *ademiré*, *opetion*, *auguementer*, *aquetion* ; et les mots *sel*, *lac*, *canif*, *mur*, etc. comme s'il y avait *sèleu*, *laque*, *canifeu*, *mureu* : faites-leur entendre qu'ils doivent prononcer toutes les syllabes de cette troisième espèce, d'un ton ferme et en un seul temps fort court.

Nota. 1.° L'E sonore est ouvert dans les mots *perte*, *secte*, *veste*, *tel*, *mer*, *bec*, etc. ; il est fermé dans *espéré*, *estime*, *inespéré*, *inestimable*, *destin*, *respiré* ; lisez, *éstime*, *i-nés-péré*, *déstin*, etc.

Nota. 2.º Les finales en *ar*, *air*, *er*, *or*, *art*, *ert*, *ort*, *ard*, *erd*, *ord* sont un peu longues; Ex. *éclair*, *char*, *mer*, *départ*, *désert*, *similor*, *canard*, *Milord*, *port*, etc,; celles en *ars*, *ors*, *ers*, sont très-longues; Exemple: *épars*, *revers*, etc.

Nota. 3.º M se prononce dans les mots *somnambule*, *amnistie*, *automnal*, *gymnase*, etc.

Voyez sur la Lettre x, pag. 70.

Les enfans prononcent les mots *fixer*, *axe*, *sexe*, *luxe*, comme s'il y avait *fisquer*, *sesque*, *lusque*; exigez qu'ils prononcent net, *ac-se*, *luc-se*, *sec-se*, etc.

Pag. 36. *Consonnes redoublées.* V. p. 69.

C redoublé (CC) n'équivaut qu'à un C dans *accablé*, *occupé*, etc. : on prononce les deux C dans *accès*, *accepter*, *succession*, *accent*, *occident*, etc. : dans ces mots, le second C est doux, parce qu'il est devant I ou E.

Les lettres N et M redoublées ne sont pas nasales; lisez les mots *Anne*, *Jeanne*, *vannier*, *garenne*, *la mienne*, *la tienne*, *femme*, *innocent*, *musicienne*, comme s'il y avait *a-ne*, *ja-ne*, *va-nier*, *garè-ne*, *la miè-ne*, *fa-me*, *i-nocent*, en faisant brève la voyelle qui précède NN. Les enfans lisent, *An-ne*, *Jan-ne*, *van-nier*, *garain-ne*, *la miain-ne*, *ainnocent*: cette prononciation est détestable.

Les terminaisons en *amment* et *emment* se lisent comme s'il y avait *a-ment*; lisez donc les mots *savamment*, *patiemment*, *ardemment*, etc. en cette sorte, *sava-ment*, *pacia-ment*, *arda-ment*, et non pas *savan-ment*, *pacian-ment*, etc.

Les enfans lisent les mots *immortel*, *immobile*, etc. comme s'il y avait *ain-mortel*, *ain-mobile* : les deux MM se prononcent dans ces mots, et sont de pures consonnes.

Dans les mots *essai*, *effort*, *ressuscité*, *pressentir*, *tressaillir*, et autres semblables, l'E qui précède les ss est fermé; lisez, *éçai*, *éfort*, etc. : cet E est muet dans les mots *dessus*, *ressource*, *ressouvenir*, *ressemblant*, etc.

SC n'a que le son d'un C doux dans *disciple*, *descendre*, *fascine*, *conscience*, etc; lisez, *diciple*, etc.

Pag. 37. *Syllabes surcomposées.*

Les enfans prononcent les mots de cette page en cette sorte, *sepelendide*, *seteratagême*, *pèresepequetive*, *abeustrait*, *obeustiné*, *subeustance* ; et quand ils ont à énoncer le x devant une consonne, ils lisent, *équeusposé*, *équeuspatrié*, *équeuspliqué* ; ou en cette sorte, *ésposé*, *éspatrié*, *éspliqué* : observez-leur qu'il faut prononcer exactement les syllabes sans les dénaturer, et lire net, *splen-dide*, *abs-trait*, *écs-posé*, *écs-patrié*, etc.

Nota. Dans les mots *excès*, *exciter*, *excellent*, *excentrique*, le C étant devant I et E, est doux; on doit lire, *ec-cès*, *ec-citer*, *ec-cellent*, etc.

Page 38. *Syllabes surcomposées.*

Les syllabes surcomposées de cette page sont formées par la réunion de syllabes composées de différentes espèces ; leur prononciation exige une grande précision ; et c'est ici sur-tout qu'il faut veiller à ce que l'enfant ne traîne pas sur les lettres qui terminent les syllabes, et qu'il ne fasse pas entendre le son désagréable de la voyelle *eu* en cette sorte, *fiéreuté*, *feuruit*, *gaïaque*, *rossignoleu*, *transequerit*, *secorbut*, *quelareté*, *pesalemiste*, *feraquetion*, *inseteruquetion*, *seteraceboure*, *fluquetion*, *setaguenation*, *insequeription*, etc. Quel que soit le nombre de lettres qui entrent dans la syllabe composée, elles doivent être toutes prononcées en un seul temps et sans division ; Exemple : *fier-té*, *pias-tre*, *frac-tion*, *Stras-bourg*, *pres-crip-tion*, *spec-tacle*, *stag-nation*, etc.

Page 39. *Le Verbe.*

ER *final* a le son de É *fermé* ; Exemple : *je vais danser* ; lisez *dansé*, et non pas *dansère*.

Le R se prononce devant une voyelle ; Exemple : *je vais dîner avec vous* ; lisez, *diné-ravé-vous*. Cette liaison n'a pas lieu dans la conversation.

EZ a le son de É *fermé* un peu long, dans ces phrases : *A présent vous lisez, vous étudiez ; demain vous lirez, vous étudierez*.

La syllabe finale *iez* est composée, et se prononce avec un fort appui de la voix ; Exemple : *Autrefois vous dansiez ; si vous vouliez vous danseriez*.

ONS est *long* dans ces phrases : *A présent nous dansons ; demain nous danserons*.

IONS est *diphthongue*, et se prononce très-long dans celles-ci ; *Autrefois nous dansions ; si nous voulions nous danserions.*

AI *final* a le son de É *fermé* : Exemple : *hier je dansai, j'étudiai, je jouai* ; lisez, *je dansé, j'étudié*. Lire ces mots avec le son de l'È ouvert, en cette sorte : *hier j'étudièt, je jouèt,* ou *j'étudia, je joua,* est la prononciation de l'ignorance.

AIS et OIS sont *identiques*, et se prononcent avec le son de l'È très-ouvert ; lisez, *j'allois, je partais, je lirais, je sortirois,* comme s'il y avait, *j'allès, je lirès.*

Nota. OIS et OIT sont *diphthongues*, et se prononcent comme dans les mots *trois, adroit,* aux trois premières personnes du présent des verbes en *oir* et *oire*, tels que *devoir, boire* ; Exemple : *je bois, il boit ; tu crois, il croit ; je vois, il voit ; je reçois, il reçoit,* etc. lisez, *je boas, tu croas,* etc.

ENT. Cette finale équivaut à un E muet ; Ex. *ils aiment leur papa* ; lisez, *ils aime* : cependant on fait la liaison du T devant une voyelle ; Ex. *ils aiment à lire* ; dites, *ils aime ta lire*. Faites bien observer à l'enfant que cette finale ne se prononce pas comme à la fin des noms ou adverbes en *ent*, tels que, *prudent, rudiment, sagement,* etc.

AIENT et OIENT sont *identiques*, et équivalent à un È très-ouvert : *ils aimoient, ils lisaient ; ils aimeroient, ils liraient,* se prononcent comme s'il y avait, *ils aimé, ils liré*. Le T final se lie également devant une voyelle ; Exemple : *ils aimoient à lire :* dites, *ils aimé ta lire.*

Nota. 1.º Les finales en *as*, *is*, *us*, *eux* sont longues ; Exemple : *tu finis, je courus, je peux, tu veux, tu aimas :* celles en *as* sont très-longues dans ces phrases : *demain tu iras, tu aimeras, tu joueras.*

Nota. 2.º Celles en *a*, *it*, *ut*, *eut* sont brèves ; Exemple : *il parla, il courut, il partit, il veut, il peut.*

3.º Celles en *ord*, *erd*, *art*, *ort*, *ert* sont un peu longues ou moyennes ; Exemple : *il mord, il perd, il part, il sort, il sert :* celles en *ars*, *ors*, *ers* sont très-longues ; Exemple : *je pars, je sors, tu sers,* etc.

4.º Lisez d'un ton ferme celles en *ont*, *eint*, *oint*, *ond*, *and* ; Exemple : *ils sont, ils iront, il peint, il craint, il répond, il répand :* celles en *ons*, *eins*, *oins*, *ains*, *onds*, *ands* sont longues ; Exemple : *nous allons, je peins, je crains, tu joins, je réponds, tu répands,* etc.

5.º Dans les terminaisons en *èrent*, *irent*, *urent*, *inrent*, la pénultième est longue ; Exemple : *ils allèrent, ils partirent, ils coururent, ils revinrent ;* lisez, *ils allére, ils partíre, ils courûre, ils revínre.*

6.º Il en est de même de celles en *asse*, *esse*, *usse*, *insse* ; Exemple : *il faudrait que j'allasse, que tu partisses, que je revinsse, qu'ils courussent ;* lisez, *tu partíces, j'allâce, je revínce, qu'ils courûcent.*

7.º

7.º L'e muet non accompagné, soit à la fin, soit au milieu des mots, est signe d'allongement; Exemple : *j'étudie, je supplée, je salue, je joue, je nettoie. Il criera, nous suppléerons, tu saluerois, vous jouerez, il nettoiera, j'appuierai*; lisez, *j'étudi, je nettoî, il crîra, il nettoîra*, etc.

Pag. 47. *Prononciation difficile de quelques temps.*

Dans les phrases suivantes: *Autrefois nous réglions, vous célébriez, nous souffrions, vous entriez, nous soufflions, vous pénétriez*; et dans celles-ci, *si nous voulions nous paraîtrions, vous mordriez, nous connaîtrions, vous viendriez*, etc. les enfans prononcent comme s'il y avait, *vous enteriez, nous céléberions, nous souffelions, vous paraîteriez, nous morderions*, etc.; ils doivent lire nettement en cette sorte : *nous régli-ons, vous souffri-ez, nous paraî-tri-ons, vous mordri-ez*, en appuyant fortement sur la voyelle *ez*.

Observez, à l'égard des mots contenus aux deux colonnes du milieu de cette page, et désignés par les mots *à présent, autrefois*, qu'il y a toujours un i de plus à prononcer dans ceux de la colonne à droite, que dans ceux de celle à gauche. Tous ces mots sont d'une prononciation difficile, et exigent une grande exactitude dans l'énonciation des syllabes: cet exercice n'est convenable qu'à l'enfant qui lit déjà très-correctement.

Page 46. *Être et Avoir.*

Tu es, il est; lisez, *tu ét, il ét*. Il faut que *je sois, qu'ils soient*; lisez, *je soî, qu'ils soî*.

7

J'ai faim ; lisez, *j'é* , et non pas *j'ê faim* ; attendez que j'aie, qu'ils aient ; lisez, *j'aî, ils aî.*

Ayant, ayons, ayez ; lisez , *é-iant, é-ions, é-iez,* et non pas *a-ïant , a-ïons , a-ïez* : la plupart des Maîtres de lecture font cette faute.

Nota. EU , dans tous les temps du verbe *Avoir,* a le son de U ; Exemple ; *j'eus , il eut , il a eu ; nous eûmes , vous eûtes , ils eurent ; j'eusse,* etc. ; lisez , *j'us , il ut, il a u ; nous ûmes , vous ûtes,* etc.

Page 49. *Pronoms après le Verbe.*

Les enfans prononcent les mots *je , ce , le* après le verbe , en cette sorte , *que dis-jeu, dois-jeu, rendez-leu, prenez-leu, est-ceu, fut-ceu,* etc.

L'E muet, dans ces mots, ne doit être entendu que le moins qu'il est possible. Il ne faut pas non plus que l'enfant dise : *a-ceu été, étoit-ceu à toi ;* mais *a-ç'été , étoit-ç'à toi ,* en faisant l'élision de l'E muet.

Page 52. *Signes de Ponctuation.*

La Virgule (,) indique une pause légère ; le Point-Virgule (;) une pause un peu plus grande ; les deux points (:) une pause encore plus considérable ; enfin, le point (.) désigne la plus grande des pauses.

(?) Point interrogatif. Les phrases à la fin desquelles se trouve ce signe , doivent être lues avec le ton d'une personne qui questionne , qui interroge ; et celles terminées par le Point admiratif (!) avec le ton de la surprise ou de l'admiration : ces deux signes indiquent également une pause plus ou moins grande, selon le sens de la phrase.

Les phrases à la fin desquelles sont les Points suspensifs se lisent d'un ton sentimental et animé ; le lecteur semble ne pouvoir rendre tous les sentimens qui remplissent son cœur, et s'arrête après quelques mots qui laissent assez entendre tout ce qu'il voudrait exprimer ; Exemple : qu'il est cruel !.... qu'il est doux.... d'être père !...

Le trait de séparation (—) désigne le tour de la parole entre deux interlocuteurs ; Exemple : D'où venez-vous ? — Je viens d'Italie. Ce signe indique aussi qu'il faut changer de ton chaque fois que l'un des interlocuteurs reprend la parole.

Page 53. *Des Liaisons.*

Il y aurait beaucoup à dire sur cette Leçon ; mais ce serait en pure perte pour l'enfant, auquel on doit se borner d'observer qu'il doit lier certaines lettres finales avec le mot suivant, quand il commence par une voyelle.

On ne doit jamais faire de liaison ni d'élision devant un H aspiré ; Exemple, *des Héros, les hauteurs, une honte, une grande hardiesse, ils se hâtent, ils se sont hasardés* : Rien ne serait plus ridicule que de lire comme s'il y avait *des zéros, les zauteurs, u nonte, gran dardiesse, ils s'âtent,* etc.

Page 54. *Des Chiffres.*

Les Chiffres font partie de la lecture ; il n'est

pas de livre où l'enfant n'en rencontre fréquemment, et où il n'ait souvent occasion d'énoncer un nombre quelconque ; quelques notions sur la numération ne peuvent donc être déplacées dans un Ouvrage de la nature de celui-ci.

Dans le Tableau que j'ai placé à gauche de cette page, les chiffres sont divisés en trois tranches ; SAVOIR : celle des *millions*, celle des *mille* et celle des *unités* : chaque tranche comprend trois colonnes, celle des *centaines*, celle des *dizaines* et celle des *unités* : chaque chiffre, outre sa valeur naturelle, a de plus une valeur de position ; un 4, par exemple, placé dans la colonne des centaines, vaut 400 : est-il dans la colonne des dizaines, il vaut 4 fois dix ou 40 : est-il dans les unités, il ne vaut que 4 ; il en est de même de tous les autres chiffres. Les zéros n'ont aucune valeur ; mais ils remplacent une colonne, et sont destinés à conserver l'ordre et la valeur des chiffres.

Pour lire une série de chiffres, il faut d'abord la diviser en tranches de trois termes chacune, en cette sorte : 34,563,207 ; puis commençant par la tranche des millions, je dis : trente-quatre millions, cinq cent soixante-huit mille, deux cent sept unités.

Lorsque votre Élève sera en état d'énoncer facilement tous les nombres du Tableau, vous pourrez lui en écrire d'autres à volonté, en chiffres Arabes ou en chiffres Romains.

Les bornes que je me suis prescrites dans cet Ouvrage ne me permettent pas de m'étendre d'avantage sur tout ce qui concerne le matériel de la lecture et les principes de la prononciation : je crois néanmoins à propos d'ajouter quelques mots sur les instructions que doit donner un Instituteur à son Élève, lorsqu'il commence de lire couramment. La première attention qu'il faut avoir, c'est d'exiger qu'il prononce exactement et nettement toutes les syllabes, qu'il ne précipite pas la voix, qu'il ne répétaille pas les mots en hésitant et en balbutiant. Il n'est pas moins essentiel de lui apprendre à lire posément, à se bien posséder, à marquer rigoureusement toutes les pauses, à donner à sa lecture l'expression que le sujet exige : pour arriver à ce but, je conseille aux Instituteurs d'employer un moyen qui m'a toujours réussi : Avant de faire lire mes Élèves, je lis moi-même, avec soin et à voix haute, l'article qui fait le sujet de la leçon ; ils répètent après moi, et prennent, machinalement, le ton que je leur ai donné. J'ai été souvent étonné de la facilité avec laquelle ils saisissaient ma manière de lire : les enfans sont bien plus susceptibles d'apprendre par imitation que par principes ; le Maître est le modèle qu'ils doivent imiter ; il faut donc qu'ils l'entendent lire lui-même, afin qu'ils puissent se conformer aux principes qu'il leur dicte.

Un autre moyen qui n'est pas moins important pour obtenir quelque fruit des Leçons, c'est que les Enfans aient tous le même livre : si chaque enfant a son livre particulier, ainsi que cela se pratique dans presque toutes les Écoles, l'instruction ne peut être générale et régulière, et l'enseignement se fait à bâtons rompus ; le Maître donne réellement autant de Leçons particulières qu'il a d'Élèves, et, tandis qu'il s'occupe d'en faire lire un, il est dérangé et troublé par tous les autres qui, ne prenant aucune part à la Leçon, se livrent au désordre et à la dissipation. Le Maître, inquiété par un bourdonnement continuel, est obligé de quitter sans cesse la Leçon pour rétablir l'ordre ; de sorte qu'il perd autant de temps à maintenir le silence parmi ses Écoliers, qu'il en emploie à les enseigner : aux fatigues et aux ennuis que lui font éprouver leur paresse et leur ignorance, se joignent les tourmens cruels que lui causent leur pétulance et leur indocilité. On me saura gré, sans doute, d'indiquer les moyens de remédier à ces inconvéniens, et de régulariser l'enseignement.

En se conformant à la division simple que j'ai établie dans ce Livre, un Instituteur peut distinguer tous ses Élèves en deux Classes ; la première, ou GRANDE CLASSE, se composera des Écoliers qui seront en état de lire dans la seconde Partie du Livre ; la seconde, ou PETITE CLASSE, sera celle des commençans, c'est-à-dire, de ceux qui en seront encore à la première Partie. Ces deux Classes peuvent se subdiviser en deux Sections, et chaque Section aura un banc particulier : l'École étant ainsi disposée, il sera facile d'exciter l'émulation parmi les enfans, en accordant les premières places à ceux d'entre eux qui se seront distingués par leur diligence et leur docilité. Je vois à cet arrangement un autre avantage inappréciable : L'Instituteur peut appeler à la Leçon une Section ou une Classe toute entière ; quinze ou vingt Enfans à-la-fois se rangeront en cercle devant lui ; placés sous l'œil sévère du Maître, ils seront forcés d'écouter ; aucun d'eux ne pourra se distraire ; l'instruction étant faite pour tous, il n'y en aura aucun qui ne puisse en profiter ; tandis qu'en suivant le mode d'enseignement qui se pratique dans les Écoles, l'Instruction n'est faite que pour un seul Enfant ; elle est en pure perte pour tous les autres : si le Maître a cinquante Écoliers, il est obligé de répéter cinquante fois les mêmes principes : s'il tient en Classe ses Élèves pendant deux heures, il ne peut donner à chacun que deux ou trois minutes : peuvent-ils, en un si court espace, faire des progrès bien sensibles ? mais, en suivant l'ordre que j'indique, chaque Élève sera à la Leçon bien réellement une demi-heure ou trois quarts d'heure ; tous sont jaloux de montrer du zèle et de l'ardeur ; ils sont en présence les uns des autres, c'est à qui pourra le mieux lire et mériter la récompense promise. Tandis que cette Classe est à la Leçon, l'autre Division se prépare et étudie. La première a-t-elle fini de lire, elle se retire pour jouir de la récréation, et le Maître appelle la seconde ; il n'est plus troublé ni inquiété par aucun Enfant, et donne à l'enseignement tout le soin et toute l'attention que son zèle peut lui suggérer.

Je finirai par une observation importante.

Un bon Livre élémentaire de lecture serait encore le meilleur des Livres pour donner les premières notions d'Orthographe aux Enfans ; et il peut suffire, pour cet objet, à tous ceux qu'on ne destine pas à faire des études dans les Écoles secondaires : Il ne sera question, lorsqu'ils sauront lire nettement et couramment, que de les ramener sur leurs pas, pour leur faire observer que le mot qu'ils prononcent de telle manière, doit s'écrire avec tels ou tels caractères. Je crois que ce petit Ouvrage, entre les mains d'un Maître de Lecture intelligent, sera propre à remplir ce double but.

LOTO SYLLABIQUE.

Je fais assez peu de cas de tous les petits Jeux qu'on a inventés pour apprendre aux Enfans à connaître les Lettres et les Syllabes : Des Leçons régulières et suivies sont, suivant moi, le meilleur moyen qu'on puisse employer pour obtenir quelque succès dans tous les genres d'instruction. Je ne regarderais pas néanmoins comme inutile, un Jeu qui aurait pour but de reproduire aux yeux des Enfans, sous une forme agréable, les différens élémens qui entrent dans la composition des mots, et de les leur rendre plus familiers. Voici encore en quoi ce Jeu pourrait être très-utile : Il est des temps et des saisons pendant lesquelles on ne peut faire prendre aux Enfans leur récréation hors de la maison; celle qu'ils prennent en chambre est toujours bruyante et extrêmement incommode aux personnes chargées de les surveiller : ne serait-ce pas rendre un service important à ces personnes, de leur indiquer un moyen de contenir ces petits tapageurs, dans ces momens où ils agitent trop violemment les grelots de la folie, en leur procurant un amusement qui joindrait à l'avantage de les instruire, celui d'en occuper un grand nombre à-la-fois, d'une manière paisible.

Un Loto, où l'on substituerait des syllabes aux numéros, remplirait parfaitement ce but. Les quinze syllabes simples BP, MN LR, DT, GC, VF, Z, SJ, combinées avec les voyelles A, I, O, U, É, I forment quatre-vingt-dix syllabes, nombre égal aux numéros du Loto ordinaire. Le Loto syllabique sera composé de vingt-quatre Tableaux : toutes les syllabes y seront répétées quatre fois : En voici la série :

Rouges.	ba pa ma na la bi pi mi ni li bo po mo no lo	ne da ti ga ca ri di tu gi ci ro do to go co	va fa za sa ja vé fi zi si ji vo fo zo so jo
	bu pu mu nu lu bé pé mé né lé be pe me ne le	ru du tu gu cu ré dé té gé cé re de te ge ce	vu fu zu su ju vé fé zé sé jé ve fe ze se je
Jaunes.	bo mi la do gi ba mo li da gu bi ma lo di ga	vo zi ja po nu va zo ji pa no vé za jo pi na	ro ti cu fa so ra to ca fo si ri ta co fi sa
	be mé lu de gu bu me lé du gé bé mu le dé ge	ve zé ju pe né vu ze jé pu ne vé zu je pé nu	re té ci fu se ra te cé fe sé ré tu ce fé su
Bleus.	ba pi mo nu lé be pa mi no lu bé pe ma ni lo	ra di to gu cé re da ti go cu ré de ta gi co	va fi zo su jé ve fa zi so ju vé fe za si jo
	bu pé me na li bo pu mé ne la bi po mu né la	ru dé te ga ci ro du té je ca ri do tu gé ce	vu fé ze sa ji vo fu zé se je vé fo zu sé je
Verts.	be pé me no li ba pe mé nu lo bi pa me né lu	re dé tu go ci ra de té gi co ri da te gé cu	ve fé zu so ji va fe zé su jo vo fa ze sé ju
	bo pi ma ne lé bu po mi na le bé pu mo ni la	ro di ta ge cé ru do ti ga ce ré du to gi ca	vo fi za se jé vu fo zi sa je ve fu zo si ja

On peut varier ces Tableaux, en les formant de Syllabes composées et surcomposées de toutes espèces. Des mots mêmes pourraient y entrer. Celui qui aurait mal énoncé un mot ou une syllabe, serait tenu de mettre quelques jetons à la masse.

FIN.

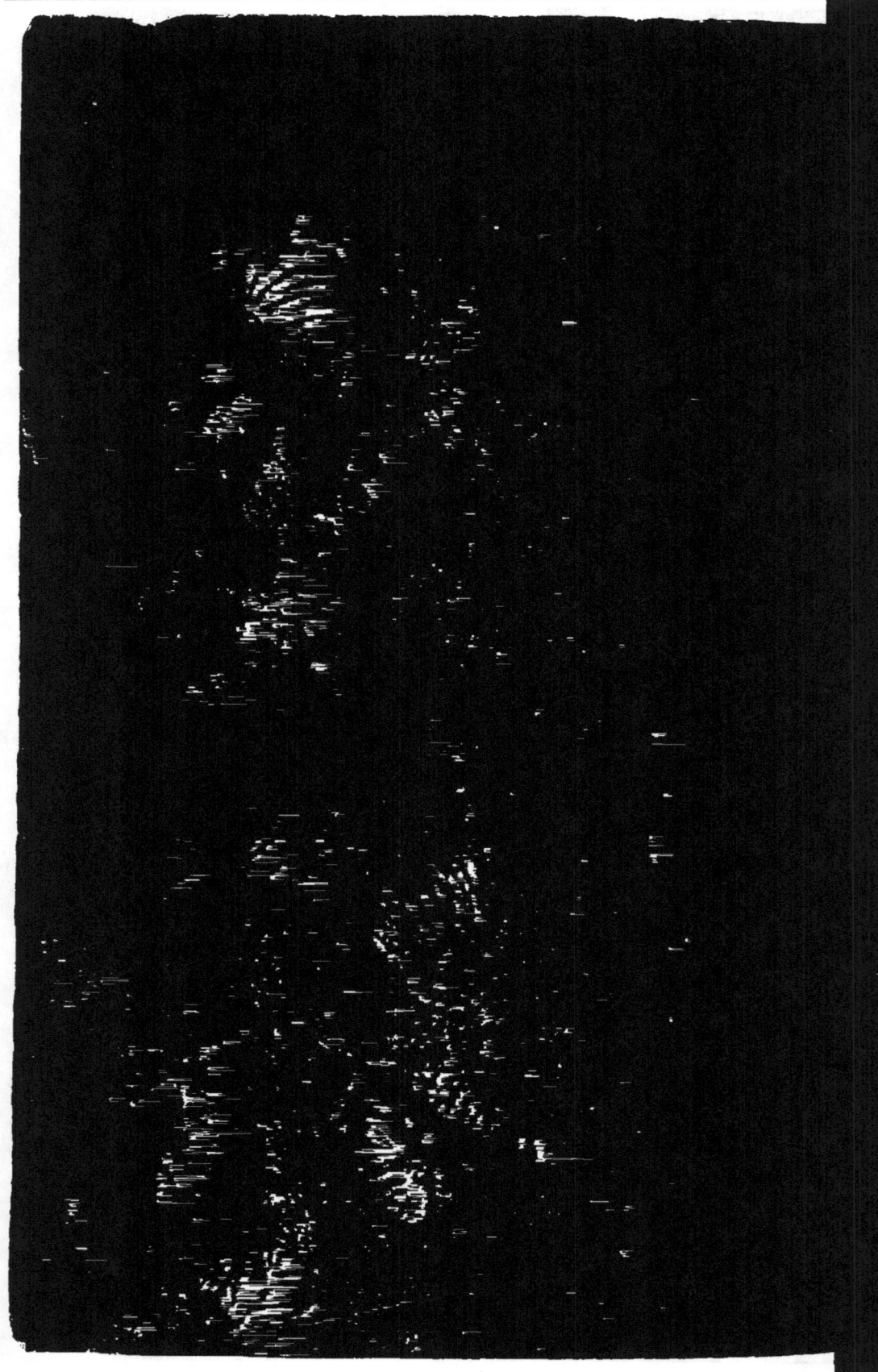

www.ingramcontent.com/pod-product-compliance
Lightning Source LLC
Chambersburg PA
CBHW070254100426
42743CB00011B/2240